Een tentoonstelling van het museum Marta Herford i.s.m. en naar een idee van Tanja Seiner

An exhibition of the museum Marta Herford in collaboration with and after an idea by Tanja Seiner

Dieren op maat

Design tussen mens en dier

Creatures Made to Measure

Animals and Contemporary Design

Design Museum Gent

KERBER CULTURE

Inhoud

Content

Katrien Laporte

De relatie tussen mens en dier: fascinerende thema's

De relatie tussen mens en dier is niet altijd eenduidig en soms tegenstrijdig. Het dier kan een geliefde kameraad zijn en een gezel voor wie de mens alles over heeft, maar ook een mede'werker' en soms zelfs een vijand. Vaak dient het dier tot voedsel of tot wetenschappelijk onderzoek in functie van diezelfde mens.

Deze veelzijdigheid is een vanzelfsprekende inspiratiebron voor designers. Zij spelen in op deze verschillende facetten en ontwerpen producten en strategieën die de relatie tussen mens en dier ondersteunen. Dat kan gaan om onderdelen voor de dagelijkse dierenverzorging, maar ook om ontwerpen die het dier helpen overleven, zoals prothesen. Designers zoeken ook naar middelen om de consumptie van dieren terug te dringen. Ze zoeken alternatieven in de vorm van in labo's ontwikkeld voedsel. Wanneer Design Museum Gent aandacht vraagt voor de mens-dierrelatie staan niet alleen producten en strategieën centraal. Vooral de verhouding tussen design, mens, milieu en maatschappij wordt belicht, als een aanzet voor bezinning over de toekomst. Zo snijden we opnieuw een maatschappelijk thema aan dat tot nadenken stemt, dat bijzonder actueel is en waardoor niemand onberoerd kan blijven. Gelukkig groeit ons bewustzijn over hoe we kunnen en moeten omgaan met dieren.

Ik wil graag Marta Herford en curator Tanja Seiner danken voor het concept van deze expo en de ruimte en mogelijkheid die ze lieten om de tentoonstelling in Gent te verrijken met interessante voorbeelden van bekende en minder bekende kunstenaars en designers. Dat tijdens de recente Dutch Design Week in Eindhoven tal van jonge designers rond dit thema (speculatieve) designvoorstellen presenteerden, bewijst de actualiteit van het onderwerp. Ook een gevestigd kunstenaar als Koen Vanmechelen legt in zijn werk de nadruk op co-evolutie en op de samenwerking tussen mens en dier (in dit geval een kip). Wie wordt hier beter van? De kip van de mens of de mens van de kip?

The relationship between man and animal: fascinating topics

The relationship between man and animal has not always been clear and straightforward but at times conflicting and ambiguous. Sometimes humans regard animals as their beloved comrades and companions, then again they are co'workers', sometimes they are considered enemies and often they are a source of food or an object of scientific research for the benefit of mankind.

Needless to say, therefore, that this diversity has been a source of inspiration for many designers. They exploit the multifaceted aspects of this relationship to design products and strategies that help sustain the relationship between man and animal: animal care products, but also designs to help animals survive, for instance prostheses. Furthermore, designers are looking for alternatives to reduce the consumption of animal-based products, for example in the form of lab-designed food. In its pursuit to call attention to the relationship between man and animal, Design Museum Gent not only wants to display products and strategies but also aims to highlight the correlation between design, man, environment and society, and to induce the audience to reflect upon the future relationship between man and animal. As Design Museum Gent we are once again breaking new ground for a social debate which is highly topical, which leaves no one indifferent and for which there is growing public awareness today.

I would like to express my thanks to Marta Herford and curator Tanja Seiner for the conceptual development of this exhibition and for allowing the space and opportunity to enrich the exhibition in Ghent with a multitude of fascinating examples of distinguished and less prominent artists and designers. The fact that during the last Dutch Design Week in Eindhoven, a number of young designers have presented work on this topic in the form of (speculative) design illustrates the actuality of this topic. But also the work of a prominent artist like Koen Vanmechelen emphasizes the co-evolution and collaboration of man and animal – in this particular case a chicken. Who benefits from this? Chickens from humans or humans from chickens?

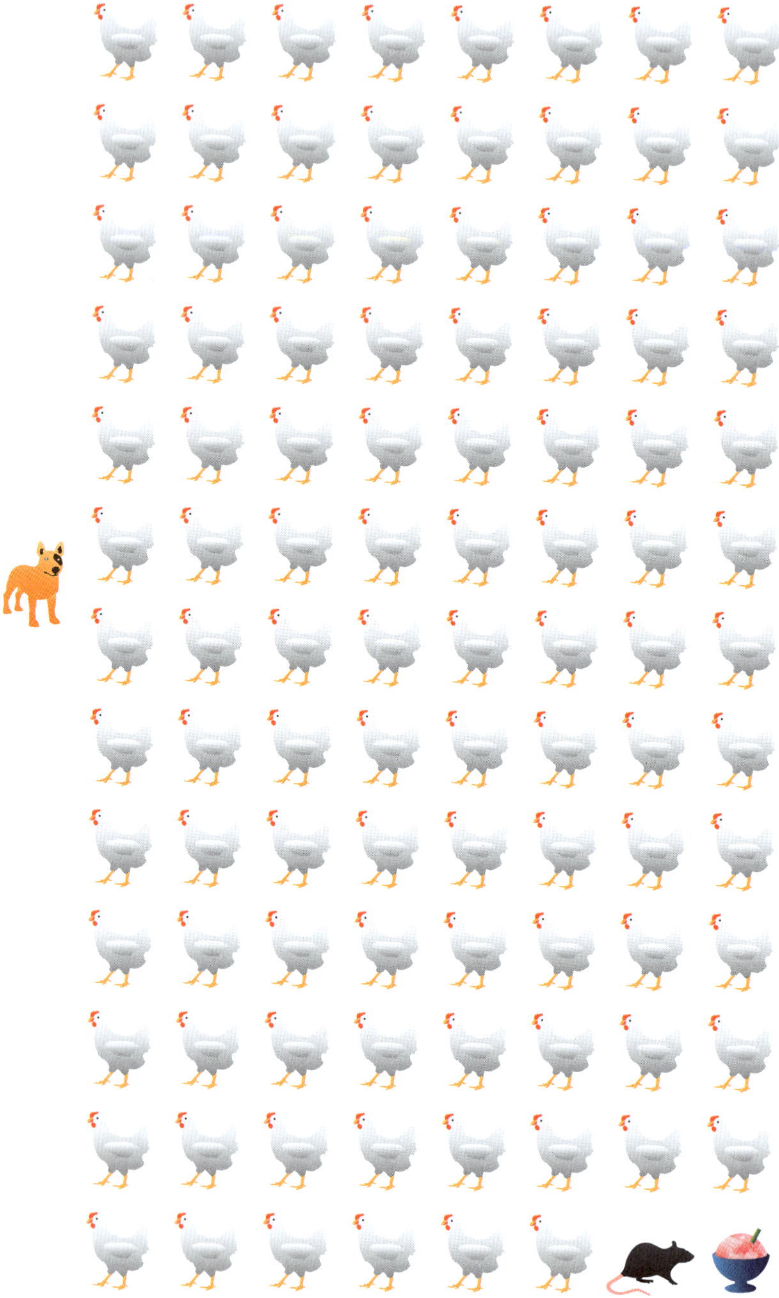

Roland Nachtigäller

Voorwoord

Er begint wat in beweging te komen.

Bijna 300.000 mensen tekenden een petitie om een hond niet te laten inslapen nadat het dier zijn beide eigenaars had doodgebeten. Elke dag worden in één enkel pluimveeslachthuis in Nedersaksen alleen al meer dan 400.000 dieren gedood voor de voedingsindustrie. Op het internet kan je voor amper één euro een babykorenslang als huisdier bestellen en aan huis geleverd krijgen. Rattenvergif bestaat doorgaans uit antistollingsmiddelen die de vaatwanden van het knaagdier oplossen, waardoor het binnen de 3 tot 7 dagen doodbloedt.

Hoe verzoenen we dat allemaal?

De relatie tussen mens en dier is complex en is altijd al tegenstrijdig geweest. Alleen al het feit dat we diersoorten verschillend behandelen gaf aanleiding tot een intens debat, dat pas in 1970 een theoretische grondslag kreeg toen de Britse psycholoog Richard Ryder de term *speciesisme* introduceerde. De huidige dierenrechtenbewegingen en het veganisme zijn gebaseerd op de opvatting dat het opsplitsen van levende wezens in aparte soorten een sociaal construct is, en bijgevolg een systeem van onderdrukking dat enkel dient om de uitbuiting van dieren door de mens te rechtvaardigen. Zuiver linguïstisch gezien wordt het klassieke mens-dier-dualisme gedifferentieerd door het begrip *niet-menselijke dieren* in te voeren en zo de mens onder te brengen in de categorie van dierlijke wezens.

Ondanks de soms erg radicale en af en toe zelfs gewelddadige uitingen over de status van dieren binnen de wereldgemeenschap blijft men ervan uitgaan dat de mens, met zijn intelligentieniveau, handelt vanuit een positie van superioriteit. De mens heeft in Bijbelse termen “de aarde aan zich onderworpen”. In positieve zin, door met onderzoek en intellectuele prestaties te komen tot een beter begrip van de grondbeginselen van onze wereld. En in negatieve zin, door zowel de levende als levenloze natuurlijke rijkdommen van onze planeet uit te buiten voor zijn eigen profijt.

Als we het morele aspect van het menselijke handelen even buiten beschouwing laten, kan deze creatieve interactie tussen de mens en andere schepsels in de ruimste zin worden beschouwd als design. Dieren worden zodanig behandeld of gebruikt dat ze voldoen aan de behoeftes van de mens: als geliefd huisdier of als efficiënt gekweekt voedingsmiddel. Of ze kunnen worden vervangen door robots met een dierlijke vorm, of door labovlees. De toekomst van de mensheid zal worden beoordeeld volgens de mate waarin het design van creatuurlijke interacties op de *juiste manier* wordt verkregen. En uiteindelijk ook volgens de mate waarin design erin slaagt om niet alleen te testen wat mogelijk is maar ook te creëren wat nodig is. Het ziet ernaar uit dat de mensheid aan het begin van de eenentwintigste eeuw opnieuw op een cruciaal moment is aanbeland.

Ik ben hierbij vooral Tanja Seiner erkentelijk voor haar originele voorstel en haar intensieve voorbereiding van deze tentoonstelling. In samenwerking met het team curatoren van Marta Herford werd een tentoonstelling gecreëerd die niet zozeer antwoorden zoekt voor de existentiële uitdagingen van onze tijd, maar vragen stelt over onze maatschappij.

Preface

Something is starting to shift.

Almost 300,000 people signed a petition, after a dog had mauled its two owners to death, calling for it not to be put down. More than 400,000 animals are killed for the food industry every single day at a poultry slaughterhouse in Lower Saxony alone. A pet baby corn snake can be ordered on the internet for just a euro and delivered to your door. Rat poison, which works by dissolving a rodent's vascular walls with anticoagulants, making it bleed to death internally within 3–7 days.

How can these inconsistent attitudes be reconciled?

The relationship between humans and animals is complex and has long been contradictory. The fact that we treat species differently sparked intense debate, which was theoretically underpinned by British psychologist Richard Ryder in 1970 when he coined the term *speciesism*. Today's animal rights movements and veganism are based on the view that dividing living things into species is a social construct and thus a system of oppression only serving to justify humans' exploitation of animals. In purely linguistic terms, the traditional duality between humans and animals can be integrated by introducing the concept of *non-human animals* – and hence incorporating humans into the category of animal beings.

Despite the sometimes radical, occasionally even violent argument about the status of animals in the world community, the basic assumption remains that humankind with its level of intelligence acts in a position of superiority. Humans continue to 'subdue the earth' in the biblical sense – for the better by harnessing research and intellectual achievements to better understand the basic structures of the world, and for the worse by exploiting the planet's animate and inanimate resources for their own benefit.

Leaving for now the moral category of human activity aside, this creative interaction between humans and creatures can be regarded in the broadest sense as design. Animals are treated or used such that they largely subordinate themselves to human needs – whether as a beloved pet or an efficiently bred foodstuff – or are replaced by robots in animal form or meat cultured in a laboratory.
Last but not least, the future of humankind will be judged by whether the design of creaturely interactions takes place to the *right measure* – and ultimately whether design doesn't just test the possible but also creates the necessary. It seems that at the beginning of the twenty-first century, humanity has arrived at another key moment.

I am indebted above all to Tanja Seiner for her original proposal and her intensive preparation for the exhibition. Together with the curatorial team at Marta Herford, an exhibition has been produced which, rather than answering the existential challenges of our time, asks questions of society.

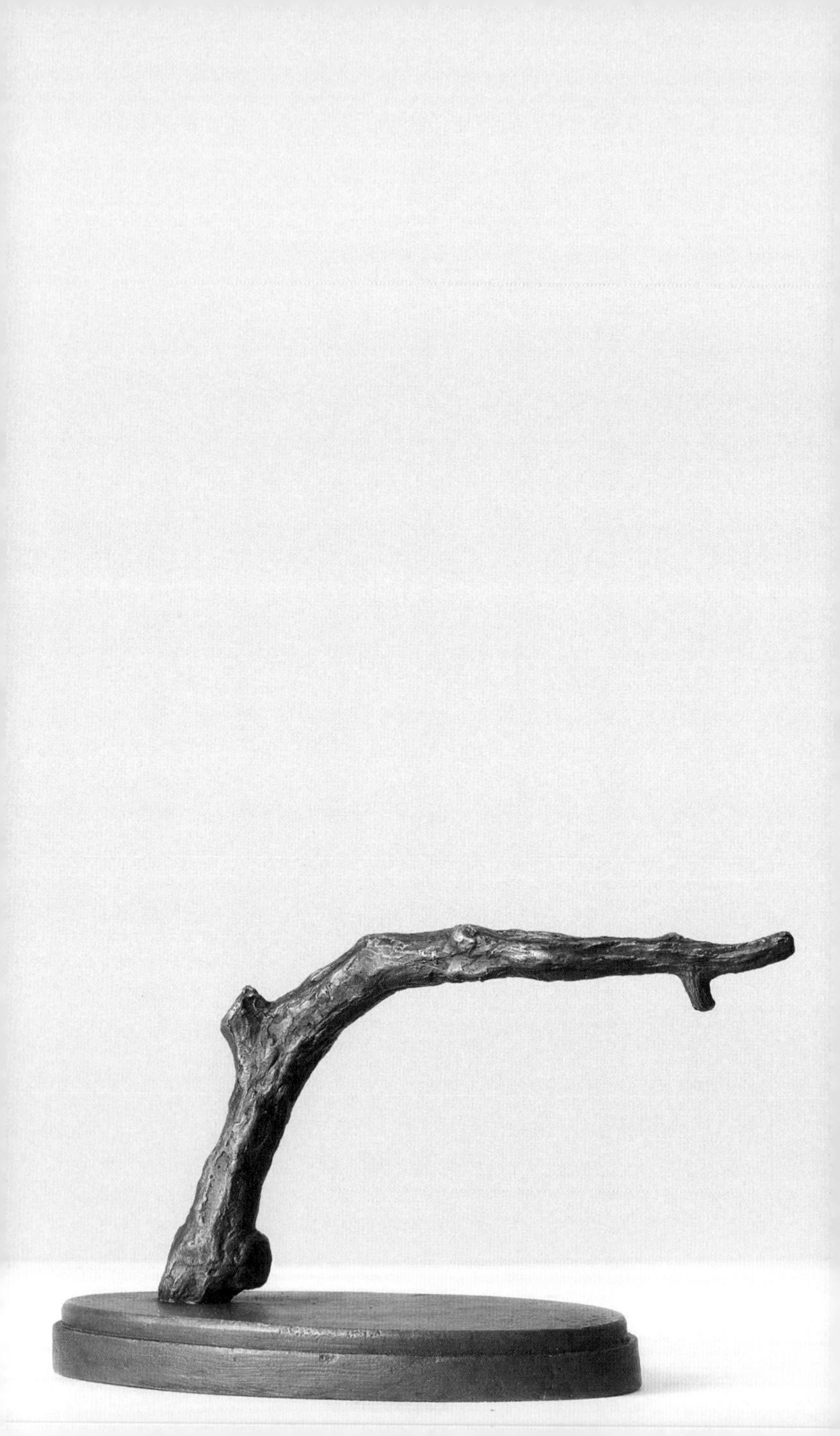

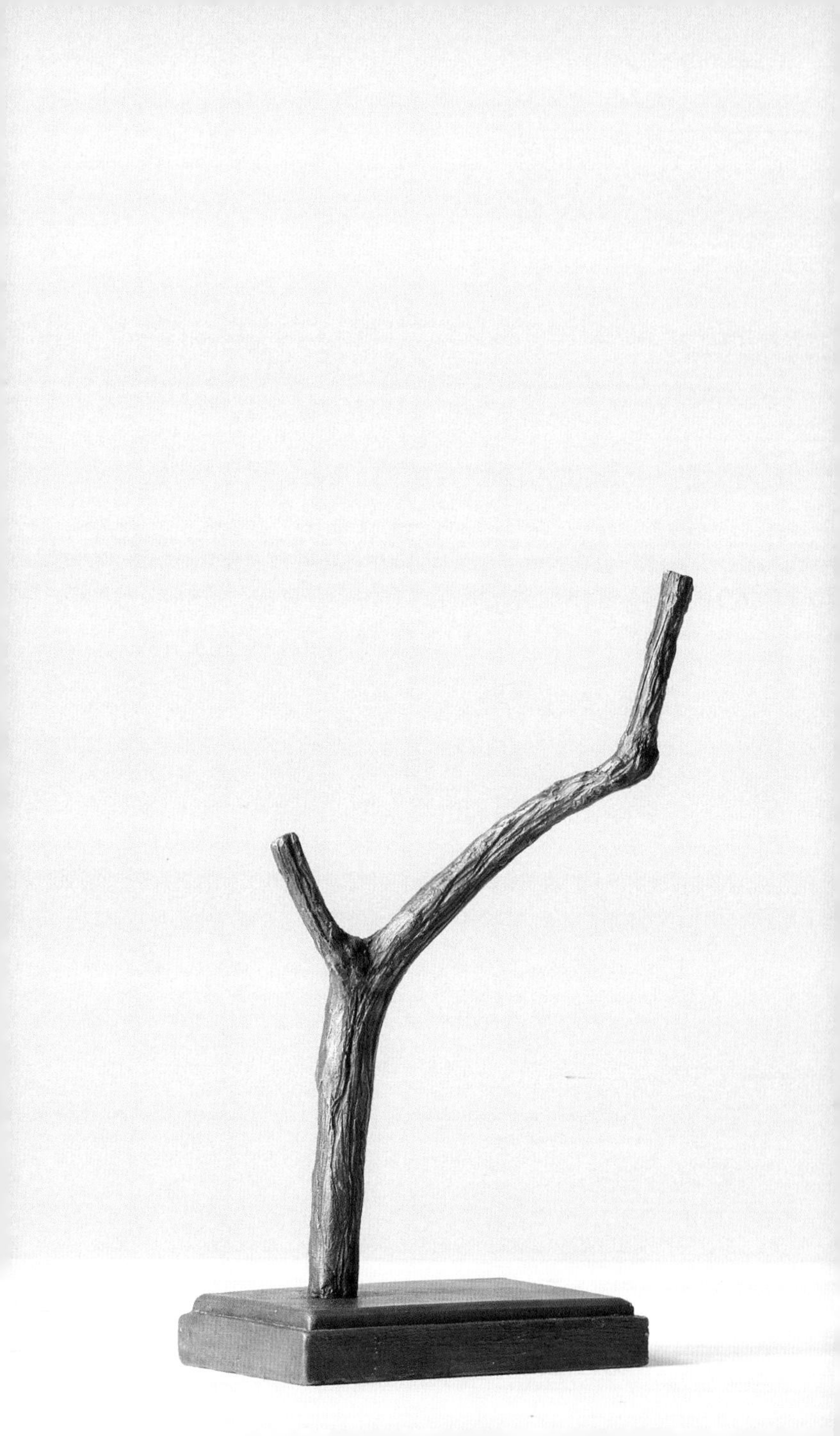

(blz. / pp. 16 – 17)

Peter Schäfer Working for the birds – Amsel, Drossel, Fink, Star, Blaues Rothkehlein, 2015

Tanja Seiner

Dieren op maat
Design tussen mens en dier

De eerste grottekeningen getuigen al van de fascinatie die wij, mensen, hebben voor de wereld van niet-menselijke dieren.[1] Toen we voor het eerst de kosmos in kaart brachten, werden dieren gekozen om de sterrenbeelden en tekens van de dierenriem te verbeelden. En nog altijd blijven ze een magische aantrekkingskracht uitoefenen op de mens, onder meer als verjongingsmiddel, statussymbool en mythische wezens. De mens heeft in de loop van zijn geschiedenis ook altijd een sterke drang en wil gehad om dieren voor zijn eigen nut te gebruiken. Onze voorouders joegen op dieren voor hun vlees en om er kleding en gebruiksvoorwerpen van te maken. Later gingen ze om die redenen ook dieren domesticeren. In de loop der tijden werden dieren voor steeds meer toepassingen gebruikt: tot vermaak van de mens in gevechtsarena's, themaparken en dierentuinen; als werkkrachten in landbouw, transport en op het slagveld; als onderzoeksobjecten in medische labo's; voor therapeutische doeleinden; als deelnemers aan schoonheidswedstrijden; als sierobjecten of gezelschapsdieren.

Uit oude geschriften blijkt dat mensen al in de oudheid huisdieren hielden louter om het plezier, en dat die gezelschapsdieren samen met de mens onder één dak leefden.[2] Vandaag zien we aan de boomende markt van producten en artikelen hoe belangrijk huisdieren voor ons zijn. Het enorme aanbod aan producten en diensten

1 In plaats van de meer accurate term 'niet-menselijke dieren' gebruiken we omwille van de leesbaarheid de term 'dieren'.

2 Zie Kynast, Katja: *Geschichte der Haustiere*, in: Borgards, Roland (ed.): Tiere. Kulturwissenschaftliches Handbuch, Stuttgart 2016, pp. 130 e.v.

voor onze geliefde viervoeters, gaande van patisserie en wellness-hotels voor honden tot halloweenpakjes en de mogelijkheid om je huisdier te klonen, geeft aan hoe gezelschapsdieren een weerspiegeling zijn geworden van onze gevoelens, behoeftes en verlangens.

Hoe we dieren aanpassen aan onze noden blijkt niet alleen uit de manier waarop we ze inpassen in onze levensstijl. Zowel boerderij- als huisdieren worden onderworpen aan uitgebreide kweekprogramma's. De vooruitgang in het genetisch onderzoek heeft geleid tot een steeds meer gerichte en snellere manipulatie en optimalisering, zowel voor productiedoeleinden als voor esthetische aspecten. De synthetische biologie probeert zelfs geheel nieuw artificieel leven te scheppen door nieuwe genetische codes te ontwikkelen.

Hoewel er nog maar weinig mensen in contact komen met vee of met levend wild, zijn dieren nog altijd alomtegenwoordig in sprookjes en mythes, in de reclamewereld en op sociale media. Naarmate dieren uit de zoo worden getransformeerd tot mediasterren, en het internet uitpuilt van grappige dierenfilmpjes, wordt het beeld dat we van dieren hebben steeds meer vermenselijkt en geromantiseerd, terwijl 'echte' dieren steeds meer uit ons gezichtsveld verdwijnen. Onze ambivalente houding tegenover dieren blijkt duidelijk uit het scherpe contrast tussen enerzijds de geïndividualiseerde en verwende huisdieren en de geïdealiseerde voorstelling van de dierlijke leefwereld, en anderzijds de vaak wrede behandeling van dieren buiten ons gezichtsveld in slachthuizen, laboratoria en tijdens dierentransporten, alsook uit het scheppen van dieren naar menselijke maatstaven. De enorme discrepantie tussen de toenemende eisen om dieren beter te behandelen en de daadwerkelijke veranderingen, toont aan hoe moeilijk het is om de relatie tussen mens en dier, die zo diep geworteld is in onze cultuur en levenswijze, te herdefiniëren.

Publieke discussies over dierenrechten ontstonden in het begin van de negentiende eeuw. Ook de eerste dierenrechtenorganisaties zagen toen het licht.[3] Met hun soms sensationele en provocerende acties maken hedendaagse dierenrechtenorganisaties ons bewust van wantoestanden en zorgen zo voor vele verbeteringen op vlak van dierenwelzijn. Bovendien kwam er binnen de academische sfeer een intens debat op gang over de ethische omgang met dieren. Zo werd in de laatste drie decennia een interdisciplinair onderzoeksprogramma opgezet. Deze 'human-animal studies' bestuderen de algemene machtsverhoudingen en interacties tussen mens en dier.

Desalniettemin blijven we geconfronteerd worden met verschrikkelijke berichten over de gewelddadige mishandeling van dieren, over hele kuddes die sterven door epidemies en ziektes als gevolg van intensieve veeteelt, en over doorgefokte dieren die onnoemelijk lijden als gevolg van hun onnatuurlijke anatomie. Anderzijds werd de perceptie van de mens als maat van alle dingen in vraag gesteld door talrijke bevindingen binnen de cognitieve en gedragswetenschappen die stellen dat vele niet-menselijke dieren gevoelige en intelligente wezens zijn met een complex innerlijk leven en rijke sociale relaties.

Ook de ecologische gevolgen van de grootschalige veeteelt dwingen ons ertoe om anders te gaan denken over de manier waarop wij dieren gebruiken en om onze eetgewoonten te veranderen, al doen we dat voornamelijk om de toekomst van onze planeet te vrijwaren. En, last but not least, hebben natuurrampen zoals het versneld uitsterven van vele diersoorten ons doen beseffen hoe belangrijk andere soorten zijn om de stabiliteit van het ecosysteem te vrijwaren. Die rampen onderstrepen daarbij ook het effect van de menselijke uitbreiding en de impact van de mens op de natuurlijke processen en de bestaande ecologie.

Hoewel er steeds meer vegetarische en veganistische voedingsmiddelen in onze supermarkten liggen, en er meer veganistische

3 Zie Roscher, Mieke: *Tierschutzbewegung*, in: Arianna, Ferrari, Klaus, Petrus (ed.): Lexikon der Mensch-Tier-Beziehungen, Bielefeld 2015, pp. 371-76.

alternatieven verkrijgbaar zijn voor kledingstukken en accessoires die traditioneel worden vervaardigd uit dierlijke grondstoffen, is er nog geen vermindering van de intensieve veeteelt waar te nemen. Integendeel, de Voedsel- en Landbouworganisatie van de Verenigde Naties (FAO) voorspelt dat de vraag naar levensmiddelen van dierlijke oorsprong nog drastisch zal stijgen in de komende decennia.[4]

Maar veganistische alternatieven zijn niet in elk opzicht de beste keuze. Veel van die producten zijn sterk industrieel verwerkt, ze worden over de hele wereld vervoerd, ze zijn vervaardigd uit synthetische stoffen die op lange termijn schade berokkenen aan het milieu en de habitat van vele organismen, of ze bevatten natuurlijke ingrediënten zoals palmolie, waarvoor hele stukken regenwoud, het leefgebied van talrijke diersoorten, worden vernield. Wereldwijd het gebruik van dieren bannen zou bovendien een ernstige impact hebben op vele tradities, rituelen, economieën en wereldvisies. Veel meer nog dan in onze sterk geïndustrialiseerde en welvarende maatschappij zou het voor het merendeel van de mensen in minder ontwikkelde landen betekenen dat zij niet meer in hun levensonderhoud kunnen voorzien.[5] Maar ook in ons deel van de wereld zou het het einde betekenen van eeuwenoude ambachten. Allerlei traditionele gerechten zouden niet meer kunnen worden bereid en hele landschappen zouden erdoor worden gewijzigd.

De potentiële veranderingen waartoe nieuwe technologieën zouden kunnen leiden, dwingen ons om na te denken over onze verhouding met dieren en ons beeld ervan bij te stellen. Door het kweken van in-vitrovlees, dat niet van een dier komt maar dat groeit op een petrischaal, kunnen we binnen afzienbare tijd levend vee als voedingsbron vervangen door kweekvlees.

---

4 Zie Robinson, Timothy, Pozzi, Francesca: *Mapping supply and demand for animal-source foods to 2030*. FAO Animal Production and Health Working Paper. No. 2., Rome 2011, p. 20 (http: //www.fao.org / docrep / 014 / i2425e / i2425e00.pdf, 6.7.2018).

5 Ibid., p. 1.

De gevolgen hiervan zijn moeilijk te voorspellen. Zullen koeien, varkens en kippen voor de komende generaties exotische wezens zijn? Zullen ze alleen nog in leven worden gehouden om de soort in stand te houden? Zal labovlees in de toekomst een goedkoop massaproduct zijn terwijl vlees van dierlijke oorsprong een luxeproduct wordt omdat slechts een handvol landbouwers nog dieren wil houden? En zullen we überhaupt nog het onderscheid kunnen maken tussen echt vlees en kweekvlees?

Nieuwe tools zoals de CRISPR-Cas9-genschaar maken het mogelijk om op een efficiënte manier bouwstenen uit het DNA te knippen en weer in elkaar te zetten. Dit proces is zo eenvoudig dat er in de VS al doe-het-zelfpakketten op de markt zijn om bacteriën genetisch te manipuleren. Zal het zelf ontwerpen van organismen in de toekomst even simpel zijn als fotoshoppen of het programmeren van websites? Welke nieuwe bedrijfsmodellen kunnen daaruit ontstaan? Wereldwijd zijn verschillende onderzoeksprojecten al bezig met het creëren van DNA-gegevensbestanden van bedreigde diersoorten met het doel ze te klonen en herintroduceren. In wat voor wereld zullen die schepsels ontwaken? En zullen het werkelijk dezelfde dieren zijn als die die onze voorouders hebben gekend?

Dieren worden ook genetisch geoptimaliseerd om te dienen als orgaandonor voor de mens. Hoe zullen we omgaan met het idee te leven met organen van andere diersoorten? Hoe zal de relatie zijn tussen onszelf en die dieren? En waar trekken we de grens tussen menselijke en niet-menselijke dieren?

Binnen de context van deze ontwikkelingen en de zoektocht naar alternatieve vormen van samenleven met dieren, zullen het bestaande culturele erfgoed en de bestaande vormen verdwijnen en zullen er totaal nieuwe ontstaan. Vooral in design wordt getoond hoe nieuwe mens-dierverhoudingen kunnen ontstaan en hoe onze gewoonten kunnen veranderen. Zo ontstonden in 1999 na de lancering van AIBO, Sony's robothond, bloeiende wisselstukbeurzen en herstellingsdiensten om die geliefde metgezellen in leven te houden zodat

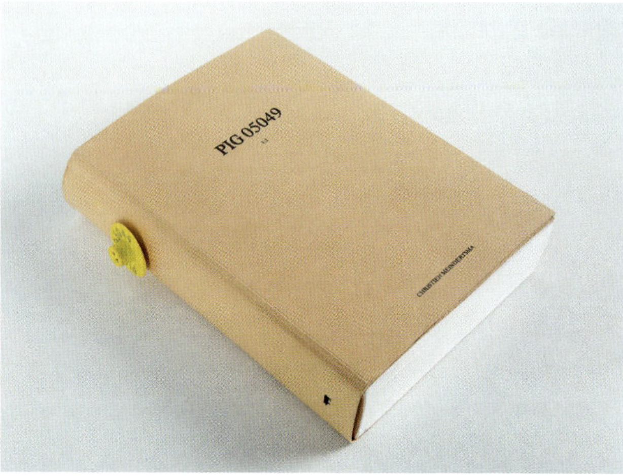

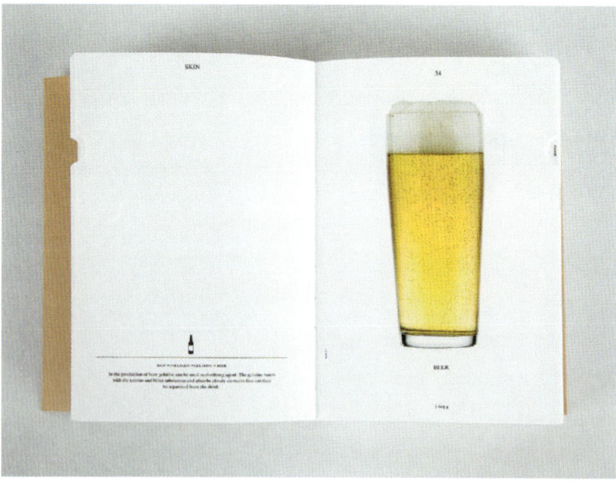

Christien Meindertsma PIG 05049, 2006

ze een echte hond zouden kunnen blijven vervangen. Er werden zelfs speciale begrafenisrituelen voor ontwikkeld.

Onze ambivalente omgang met dieren komt ook tot uiting in de designwereld: in de manier waarop de dieren zelf worden afgebeeld, in producten vervaardigd van dierlijk materiaal, in producten voor huisdieren of in de ontwikkeling van alternatieven voor grondstoffen van dierlijke oorsprong. Ook wordt er op een kritische manier nagedacht over de verhoudingen tussen mens en dier. In 2005 lokte designer Julia Lohmann een discussie uit over dierenethiek in een designcontext, onder meer met haar *Cow Benches*, zitmeubelen geïnspireerd op het lichaam van koeien. Christien Meindertsma's project *PIG 05049* (2006), waarin ze 185 verschillende producten documenteerde die hun oorsprong vonden in één enkel varken, toonde aan hoeveel van onze goederen en voorwerpen gemaakt zijn van dierlijk materiaal – van marshmallows tot autolak, van porseleinen beeldjes en munitie tot hartkleppen.

Met ontwerpen die nieuwe vormen van communicatie en interactie met dieren mogelijk maken en die de gangbare normen en categorisering in vraag stellen, of door artefacten te creëren die leiden tot een grotere bewustwording van de aanwezigheid van andere organismen, besteden hedendaagse designers steeds meer aandacht aan niet-menselijke levensvormen. Anderzijds wordt het accent gelegd op de gevolgen van het menselijk handelen wanneer designers in fictieve en speculatieve scenario's het bijvoorbeeld hebben over de potentiële impact van nieuwe technologieën die de mens-dierverhoudingen drastisch zouden kunnen veranderen.

In de tentoonstelling *Dieren op maat – Design tussen mens en dier* gaat het niet zozeer om het ontwikkelen van allesomvattende antwoorden op complexe vragen. In de verschillende manieren waarop hedendaagse en toekomstige samenlevingsvormen worden voorgesteld gaat het eerder om het scheppen van mogelijkheden, zowel in het tot stand brengen van individuele inzichten als in het kritisch beoordelen van maatschappelijke ontwikkelingen en toekomstvisies. In een debat dat vaak wordt gekenmerkt door ideologie en dualisme, door provocatie en idealisering, zijn het misschien net deze strategieën van visualisering en invraagstelling, van punctuele tussenkomsten en het ondergraven van ogenschijnlijk onbetwistbare feiten, die de verhoudingen tussen mens en dier blijvend zullen veranderen en die ook in de toekomst telkens opnieuw zullen worden getoetst.

Creatures Made to Measure
Animals and Contemporary Design

The very first cave paintings testify to the fascination that we humans feel for the realm of non-human animals.[1] When the cosmos was first mapped, animals were chosen to represent constellations and signs of the zodiac. And they continue to exert a magical appeal on humans, including as sources of strength, status symbols and mythical creatures. Equally, throughout their history, humans have always had a strong desire to put animals to practical use. Animals were hunted by our ancestors for food as well as raw materials for clothing and tools, and later on they were domesticated. The range of functions performed by animals in the human world has steadily increased and now includes entertaining people in theme parks and zoos (as well as by being made to fight), serving as draught animals in farming, transport and on the battlefield, as subjects of medical research in the laboratory, therapists, participants in beauty contests, decorative items in the home, and as social companions.

We know from ancient texts that pets – animals which instead of being put to use are kept for pleasure and live in their owners'

1 Instead of the more accurate term *non-human animals*, for reasons of readability, the term *animals* is used throughout the text.

homes – were even owned in antiquity.[2] Nowadays, the high esteem we hold them in is demonstrated by the thriving market for pet products. The range of services available for beloved four-legged friends – from dog patisseries and wellness hotels to Halloween costumes and cloning possibilities – illustrates the extent to which animal companions come to reflect human emotions, needs and desires.

The ways in which animals are moulded as we see fit aren't just apparent from how they are adapted to the lifestyle of their human companions. Farm animals and pets alike are subject to extensive breeding. Advances in genetic research have enabled even faster, more direct manipulation and optimization, both for production and for aesthetic purposes. Synthetic biology is already being used to explore the creation of artificial life from scratch by developing new genetic codes.

While very few people still come into contact with livestock or animals living in the wild, animals are still omnipresent in myths and fairy tales as well as in advertising and social media. As we increasingly lose sight of *real* animals, our impressions of them are becoming more humanized and romantic, with zoo animals being transformed into media stars and funny animal memes flooding the internet.

The ambivalence of our relationship with animals is plain from for instance the sharp contrast between individualized, pampered pets and idealized conceptions of animal realms on the one hand, and their often cruel treatment beyond our gaze in slaughterhouses, laboratories and transporters as well as the creation of animals based on human standards on the other hand. The huge discrepancy between the growing calls for improved animal welfare and the reforms actually carried out underlines how difficult it is for us to redefine the relationship between humans and animals so deeply rooted in our culture and way of life.

---

2 See Kynast, Katja: *Geschichte der Haustiere*, in: Borgards, Roland (ed.): Tiere. Kulturwissenschaftliches Handbuch, Stuttgart 2016, pp. 130 ff.

Public discussion of animal rights and the first animal welfare movements emerged in the early-nineteenth century.[3] Modern animal rights groups have carried out sometimes sensational, provocative acts to make us aware of animal abuse and also brought about numerous improvements in animal welfare. Furthermore, animal ethics has become the subject of intense debate in the academic sphere. And for about three decades, interdisciplinary research has been conducted in human-animal studies, which explores both the power gap and the interactions between humans and animals.

Nevertheless, horrifying reports still persist of the violent treatment of animals, whole herds dying as a result of epidemics and diseases aggravated by intensive livestock farming, and overbred creatures suffering enormously due to their unnatural anatomy. Moreover, the perception of humans as the measure of all things has been challenged by the stream of findings in behavioural and cognitive science suggesting that many non-humans are also sentient, intelligent beings with complex inner lives and rich social relationships.

In addition, the ecological consequences of large-scale livestock farming are prompting demands to rethink our usage of animals and change our eating habits, albeit primarily to save the planet. Last but not least, disasters such as rapid extinction have forced us to acknowledge the importance of other species for the stability of ecosystems, and highlighted the impact of human expansion and intervention into natural processes and existing ecologies.

Although vegetarian and vegan foods are increasingly being stocked by supermarkets and more and more vegan alternatives to clothing and accessories made from animal raw materials are becoming available, livestock farming is still on the increase. What's more, the UN Food and Agriculture Organization predicts

---

3 See Roscher, Mieke: *Tierschutzbewegung*, in: Arianna, Ferrari, Klaus, Petrus (ed.): Lexikon der Mensch-Tier-Beziehungen, Bielefeld 2015, pp. 371-76.

that demand for animal-based food products will rise dramatically over the coming decades.[4]

Then again, choosing vegan alternatives isn't necessarily better in every respect. Many products are heavily processed, transported from the other side of the world, or made from synthetic materials which cause long-term damage to the environment and the habitats of many organisms. Others are manufactured from natural ingredients like palm oil, which is produced by clearing huge expanses of rainforest inhabited by countless species. Banning the use of animals throughout the world would have grave repercussions for a wealth of traditions, rituals, economies and worldviews. Moreover, it would deprive the majority of people of their livelihoods in less developed countries, where its impact would be far more severe than in highly industrialized, wealthy societies.[5] Yet in our part of the world, too, the cessation of animal farming would spell the end for many time-honoured forms of craftsmanship, mean that all sorts of traditional dishes could no longer be cooked, and result in entire landscapes being altered.

The prospect of changes brought about by new technology also makes us rethink our relationship with animals and reassess our views of them. In the foreseeable future, livestock could be largely replaced as a common food resource by in vitro meat which, instead of being obtained from an animal's body, is grown in a Petri dish. The upshot of this is hard to predict. Will cows, pigs and chickens become exotic creatures for subsequent generations, kept alive merely to preserve the species? Will synthetic meat in the future be a cheap commodity, with meat sourced from animals becoming a luxury item because only a handful of farmers will still go to the effort of animal husbandry? And will we even be able to distinguish

4 See Robinson, Timothy, Pozzi, Francesca: *Mapping supply and demand for animal-source foods to 2030.* FAO Animal Production and Health Working Paper. No. 2., Rome 2011, p. 20 (http: //www.fao.org / docrep / 014 / i2425e / i2425e00.pdf, 6.7.2018).

5 Ibid., p. 1.

real meat from its artificial alternative?

New tools such as CRISPR / Cas9 gene scissors enable building blocks to be accurately cut out of DNA and reassembled. It's so simple that DIY kits for the genetic manipulation of bacteria are already on general sale in the USA. Will designing organisms one day become as easy as photoshopping images or programming websites? What new business models could this lead to? Various research projects around the world are already working on creating DNA databases of endangered species so that they can be cloned and re-established. What sort of world will these creatures wake up in? And will they really be the same animals as those known to our ancestors?

Animals are also being genetically optimized to serve as organ-donors for humans. How will we deal with the concept of living with organs from other species? What will the relationship be between us and these animals? And where will we draw the line between human and non-human animals?

In the course of these developments and the search for alternative forms of coexistence with animals, existing cultural assets and forms will disappear, and completely new ones will emerge. Design in particular has much to tell us about how human-animal relationships and our habits could change. For example, the launch of Sony's AIBO robot dog in 1999 was followed by the advent of flourishing exchanges for spare parts and repair services to keep these beloved companions alive so that they could continue to replace real canines. What's more, even special burial rituals were developed for them. Our ambivalent attitude to animals is also clearly reflected in the world of design: in the depiction of animals themselves, in products made from animal materials, products for pets, the development of alternatives to animal raw materials, and the critical reappraisal of human-animal relationships. Back in 2005, Julia Lohmann launched a discussion about animal ethics in a design context with for example *Cow Benches* – seating she designed inspired by cows' bodies. And Christien Meindertsma's project *PIG 05049* (2006), in which she documented 185 different products derived from a single pig, showed just how many things are made using animal substances – from marshmallows to car paint, porcelain figurines to ammunition and heart valves.

Designs enabling new forms of communication and interaction with animals and making us challenge common norms and categorizations, and artefacts increasing our awareness of the presence of other organisms are examples of how today's designers are paying more and more attention to non-human beings. By contrast, the results of human action are in the spotlight when, in fictional and speculative scenarios, designers address for instance the potential impact of new technologies which could radically transform the relationship between animals and humans.

Instead of developing comprehensive answers to complex questions, the various ways in which contemporary and future forms of coexistence are presented in the exhibition *Creatures Made to Measure – Animals and Contemporary Design* are intended to enable individual views, social developments and visions of the future to be critically assessed. In a debate often characterized by ideologies and dualisms, by provocations and idealizations, it is perhaps precisely these strategies of visualizing and questioning, of the punctual intervention and infiltration of seemingly incontrovertible facts, which will sustainably transform relations between humans and animals and continue to scrutinize them.

Hoofdstuk 1

Chapter 1

Metgezellen 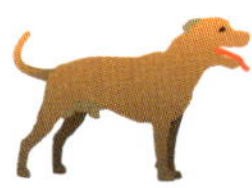 +

Companions +

Tegenhangers

Counterparts

Meer dan 50% van de Belgische gezinnen heeft een huisdier. Als gezelschapsdieren en gezinsleden worden ze steeds meer vermenselijkt. In de Verenigde Staten geeft meer dan een derde van de hondenbezitters zijn of haar geliefde huisdier een verjaardagsgeschenk, en wellness farms en cosmetische chirurgie vormen het toppunt van het soms absurde aanbod aan diensten van de winstgevende huisdierensector. Een op de tien Britten verklaart meer van zijn of haar huisdier te houden dan van de partner, en begrafenissen op speciale dierenkerkhoven zijn geen zeldzaamheid meer. Zonder rekening te houden met hun natuurlijke gedrag worden dieren beschouwd als speelgoed en worden menselijke behoeftes op dieren geprojecteerd. Toch zijn het niet alleen de liefhebbende baasjes die aan dieren gevoelens toeschrijven zoals liefde, medelijden en ijdelheid. Ook gereputeerde wetenschappers doen dat. Door dieren een vrije wil toe te kennen, worden ze zelfs op gelijke voet gesteld met de mens. Maar zijn we eigenlijk zelf geen dieren?

De relatie tussen mens en dier wordt steeds complexer; de begrenzing en een duidelijk onderscheid tussen wie nu eigenlijk de sterkste invloed heeft op de ander wordt steeds vager. Ook onze leefruimtes vloeien steeds meer in elkaar over. Puppy-wc's met echt gras duiken op in onze woonkamers en zijn zodanig ontworpen dat ze een zo natuurlijk mogelijke omgeving bieden. En wanneer we ons huisdier toestaan om 'de natuur' te verkennen, dan gebeurt dat toch enkel aan de leiband of met een chip die bij het dier is ingeplant. Doen we dat dan om het dier toch even van de vrijheid te laten proeven, als compensatie voor zijn gevangenschap?

Tezelfdertijd verdwijnen boerderijdieren en wilde dieren steeds meer uit ons gezichtsveld. De reclamesector creëert er vertekende plaatsvervangers voor, en het internet wordt stilaan een nieuw wildpark waarin zeer bizarre diersoorten vertoeven. Zoodieren zoals Knut de ijsbeer, reclamespots met purperen koeien, animatiefilmpjes met Donald Duck en *cute content*-filmpjes op het internet bagatelliseren dieren en transformeren ze tot knuffelbaar speelgoed en vermenselijkte clichés. Figuren zoals Spiderman zijn overal in de wereld helden.

Parallel hiermee merken we een nieuw soort verlangen bij de mens naar een terugkeer naar de natuur en het dierlijke. Een zorgeloos leven zonder te moeten nadenken over de gevolgen van iets, zoals dat bij dieren van nature het geval is, lijkt voor velen in onze prestatiegerichte maatschappij een bevrijding. Met hun overlevingsinstinct, robuustheid en hun vermogen om zich perfect aan te passen aan hun omgeving zijn dieren nog altijd superieur aan de mens. Het verlangen om zich een deel van deze voordelen eigen te maken manifesteert zich niet alleen in de modewereld, waar dierlijke lichaamsoppervlakken zoals schubben of een pantser als inspiratie dienen, maar ook in de huidige *furry*-trend. *Furries* zijn mensen die zich graag als dier verkleden en ernaar streven om mens en dier nader tot elkaar te brengen.

Maar door zijn drang om de dieren te domineren loopt de mens het risico om juist datgene wat hij bewondert en tracht te evenaren voorgoed te verliezen. Waar ligt het juiste evenwicht tussen affectie, ontzag en nut?

In Belgium more than 50% of all families have pets. As social companions and family members they are increasingly being humanized. More than a third of US dog owners give their beloved pet birthday presents, and wellness farms and cosmetic surgery round out the in some cases absurd services on the profitable pet market. One in ten British owners say they love their pet more than their human partner, and burials in special pet cemeteries are no longer unheard of. Irrespective of the way they behave naturally, animals become toys and projection surfaces for human needs. Yet it is not just their loving owners who ascribe to the creatures feelings such as love, compassion and vanity, but also expert scientists. The attestation of free will even puts them on an equal footing with humans. But are we not animals ourselves?

The relationship between humans and animals is becoming ever more complicated, a demarcation and clear division as to which exerts the stronger influence on the other ever more vague. And our living space is also increasingly merging. Puppy toilets with real grass are sneaking into living rooms and are designed to provide as natural an environment as possible. And when there's the possibility of an excursion into *nature* then only on a leash or with an implanted microchip. Is this an offer to the animal to get a whiff of freedom, at least for a short while, to compensate for the captivity?

At the same time, livestock and wild animals are increasingly disappearing from our view. The advertising industry creates distorted placeholders for them and the internet is becoming a new wildlife park for particularly bizarre species. Zoo animals like Knut the polar bear, commercials with purple cows, Donald Duck comics and cute content gone viral trivialize animals, making them cuddly playthings and humanoid clichés. Figures like Spider-man become heroes worldwide.

Parallel to this, we can observe a new kind of human longing for a return to nature and our animal origins. A carefree life without worrying about consequences, the way animals naturally live, appears to promise remedy for many in today's high-powered society. Owing to their survival instinct, robustness and abilities perfectly adapted to their environment, animals are still superior to humans. The desire to appropriate some animal advantage and use it as a tool is evident not only in fashion, where animal body surfaces such as scales or shells provide inspiration, for example, but also in the current *furry* trend. *Furries* are people who don animal costumes and aspire to bring about closer links between humans and animals.

Humankind, in its drive to dominate animals, runs the risk of permanently losing that which it admires and emulates. What is the right balance between affection, reverence and benefit?

Peter Schäfer

Working for the Birds

Amsel, Drossel, Fink, Star, Blaues Rothkehlein, 2015

Zoals veel andere dieren werden vogels door de eeuwen heen door de mens gevangen en gedood of getemd. Ze dienden als voedsel, modeartikel, of werden gekooid als zangvogel of sierobject. Tegelijk worden ze beschouwd als het symbool voor vrijheid. Peter Schäfer ontwierp een soort van sokkels voor vogels: een twijg uit brons nodigt uit om erop neer te strijken. Het werk verwijst naar historische afbeeldingen van vogels zoals die, vooral in de negentiende eeuw, verschenen in encyclopedieën en in de woonkamers van de bourgeoisie. Zowel in de grafiek als in beeldhouwwerk werd de pracht van vogels op indrukwekkende wijze uitgebeeld. Maar in het licht van recente berichten over de massale terugval van de vogelpopulatie krijgen de lege twijgen een melancholische bijsmaak.

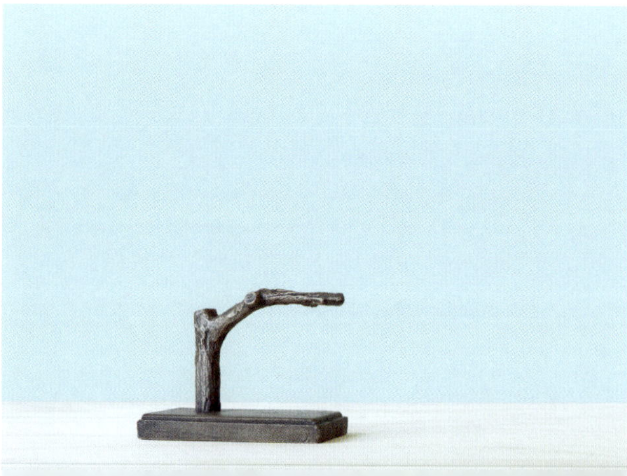

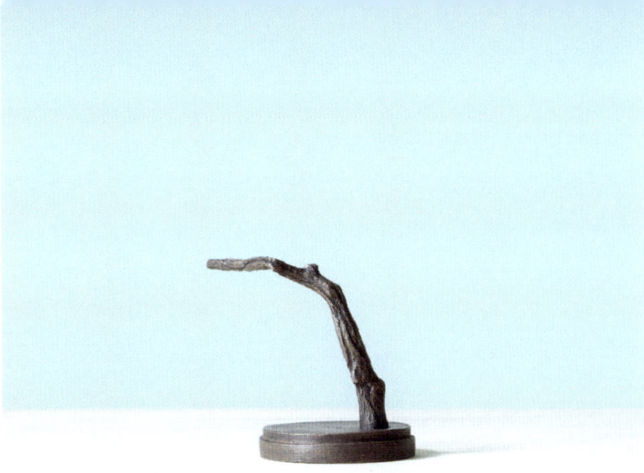

Whether to be eaten, for fashion, or as caged songbirds and ornamental objects, birds (just like other animals) have always been captured and killed or tamed. At the same time, they are considered a symbol of freedom. Peter Schäfer created a series of pedestal-like objects for birds, each featuring a bronze twig which makes an inviting place to perch. The work refers to the historical depictions of birds which increasingly made their way into encyclopaedias and middle-class living rooms, especially in the nineteenth century. Birds' splendour was impressively displayed in graphics and sculptures. Yet given recent reports about the drastic decline of some bird populations, the empty branches also have a melancholy aftertaste.

Brons / Bronze
13 × 13 × 7 cm; 11 × 20 × 10 cm; 13 × 10 × 13 cm; 10 × 15 × 8 cm; 21 × 12 × 8 cm
Flurin Borg Madsen (Blaues Rothkehlein)

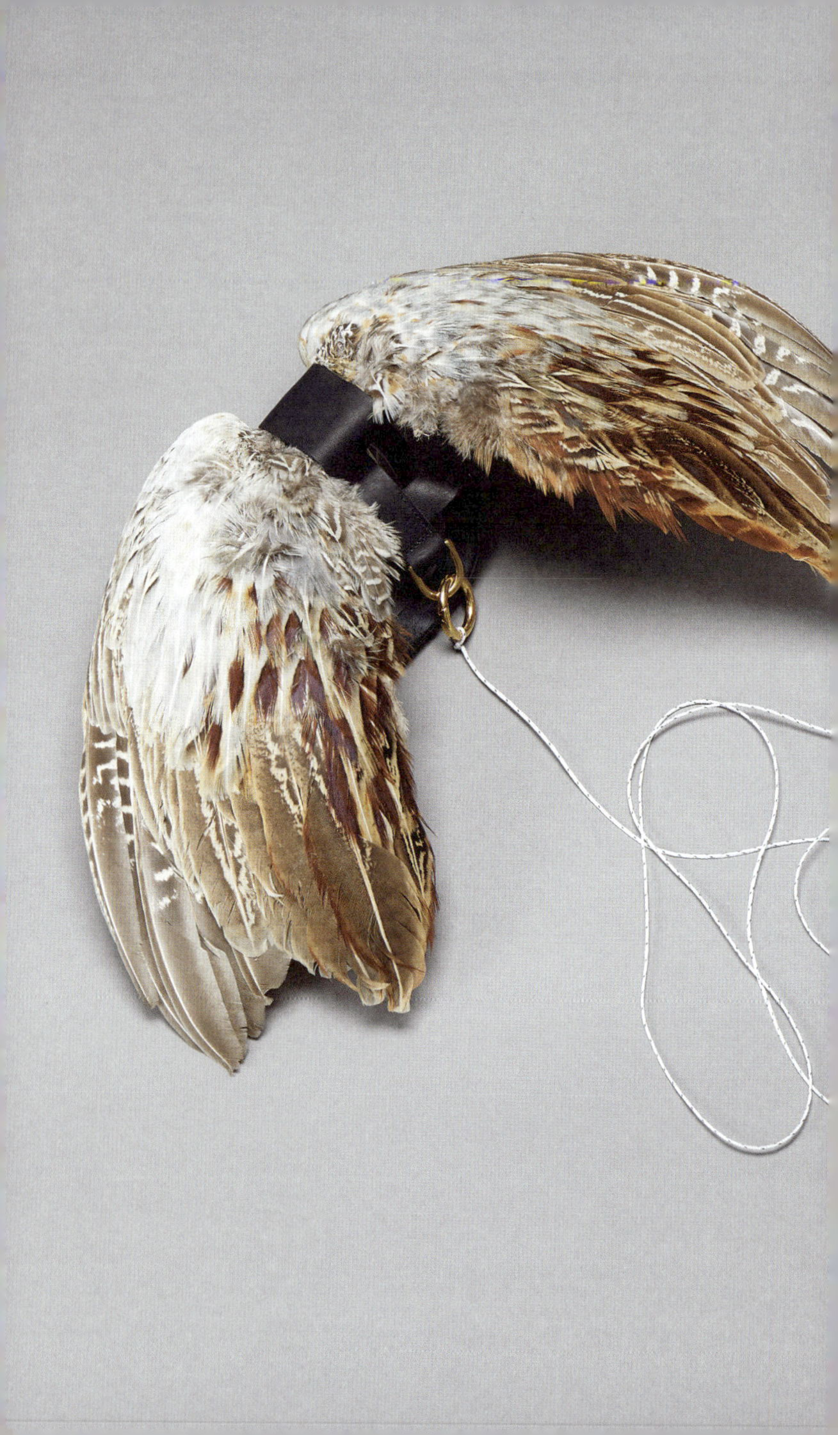

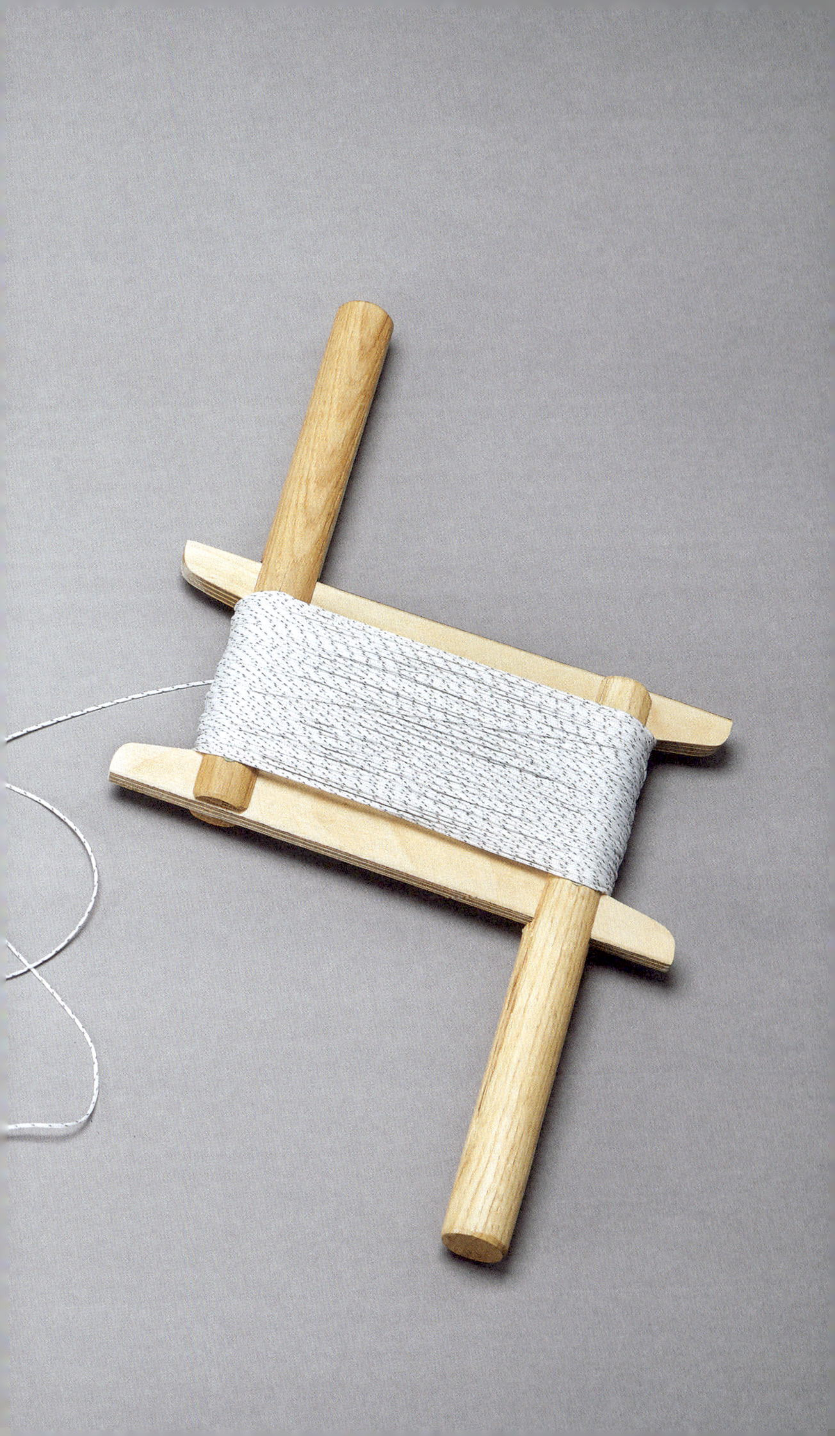

Silvia Knüppel

1-Bird-Kite-Kit/1
2-Bird-Kite-Kit/1

2015

3-Bird-Kite-Kit/1 Wig-Wing/1

2018

De drie objecten van designer Silvia Knüppel bestaan elk uit een lederen harnas voor vogels en een vliegertouw dat kan worden opgewonden en afgewikkeld van een houten handvat om de vogel-vlieger te besturen. Bij de kijker roept dit beelden op van grasparkietjes of papegaaien die, ondersteund door het harnas, samen met hun vrije soortgenoten door de lucht vliegen of door hun baasjes als een hond aan de lijn worden uitgelaten ter compensatie van hun gevangenschap. Eén object is bovendien uitgerust met fazantenveren in de vorm van vleugels. Zo kan bijvoorbeeld een kanarie in een andere huid kruipen en met een grotere spanwijdte en een bijkomend competitief voordeel meevliegen met de grotere vogels.

The three objects by designer Silvia Knüppel each consist of a leather harness for birds and a kite string which can be wound and unwound around a wooden handle to control the *bird-kite*. Observers conjure up images of budgerigars or parrots flying through the air alongside birds still in the wild or being led on a leash like a dog as if to make up for their captivity. One object has been additionally fitted with pheasant feather extensions shaped like wings. This allows a canary for example to slip into another skin and with more span and a competitive advantage keep up with the big birds.

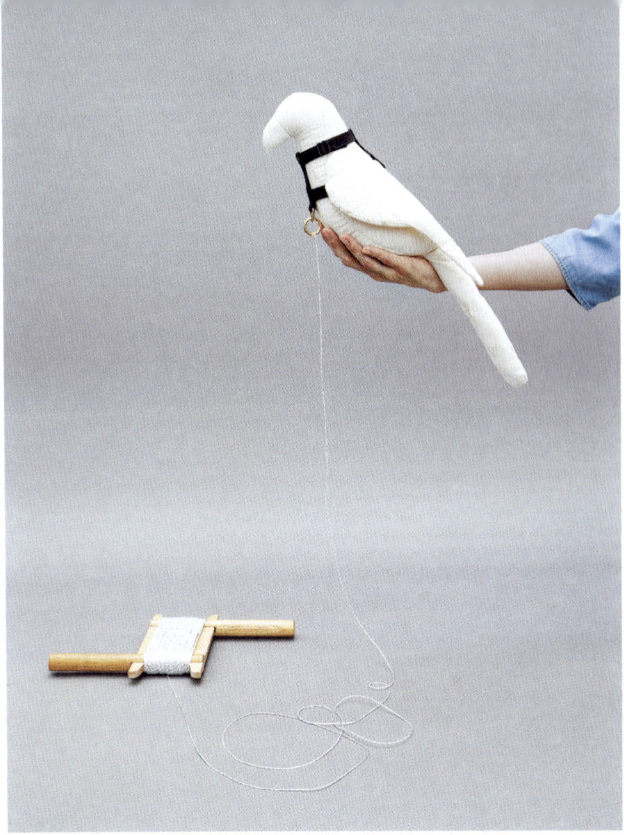

Leder, hout, nylon koord, weefsel uit polyester en nylon, veren
Leather, wood, nylon rope, polyester and nylon fabric, feathers
elk / each ca. 25 × 45 cm

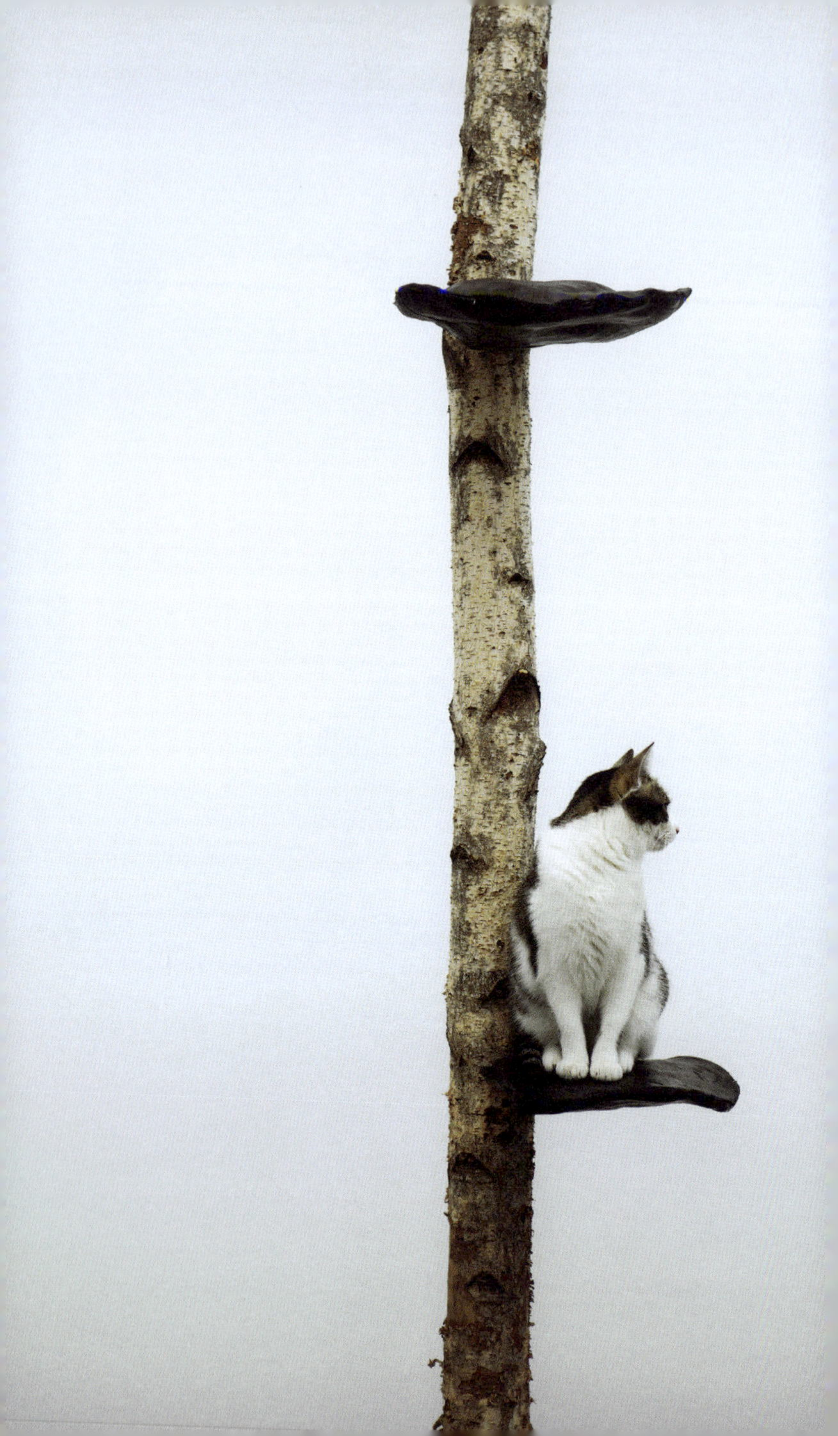

Max Kosoric, Sanne Pawelzyk

Kaze 100

Modell Fungi, 2015

In het rijke gamma aan huisdierartikelen dat vandaag voorhanden is, zijn de krabpalen van Max Kosoric en Sanne Pawelzyk echt iets bijzonders. Boomstammen worden uit de natuur gehaald en in de woonkamer gezet. Ze zijn uitgerust met kunstmatige zitplaatsen die er uitzien als boomzwammen. De vermenging van menselijke woonruimte en dierlijke behoeftes kan ook worden opgevat als een verdere overlapping van de levensruimtes van mens en dier.

Amid the wealth of pets' accessories available nowadays, the cat trees designed by Max Kosoric and Sanne Pawelzyk are something very special. Tree trunks are relocated from nature to the living room and fitted with artificial seating for cats that is made to look like tree fungus. This amalgamation of human living space and animal needs can also be regarded as an indication that animal and human habitats still overlap in many ways.

Berkenstronk, rubber, schuimmateriaal
Birch trunks, rubber, foamed
Variabele afmetingen / Variable dimensions

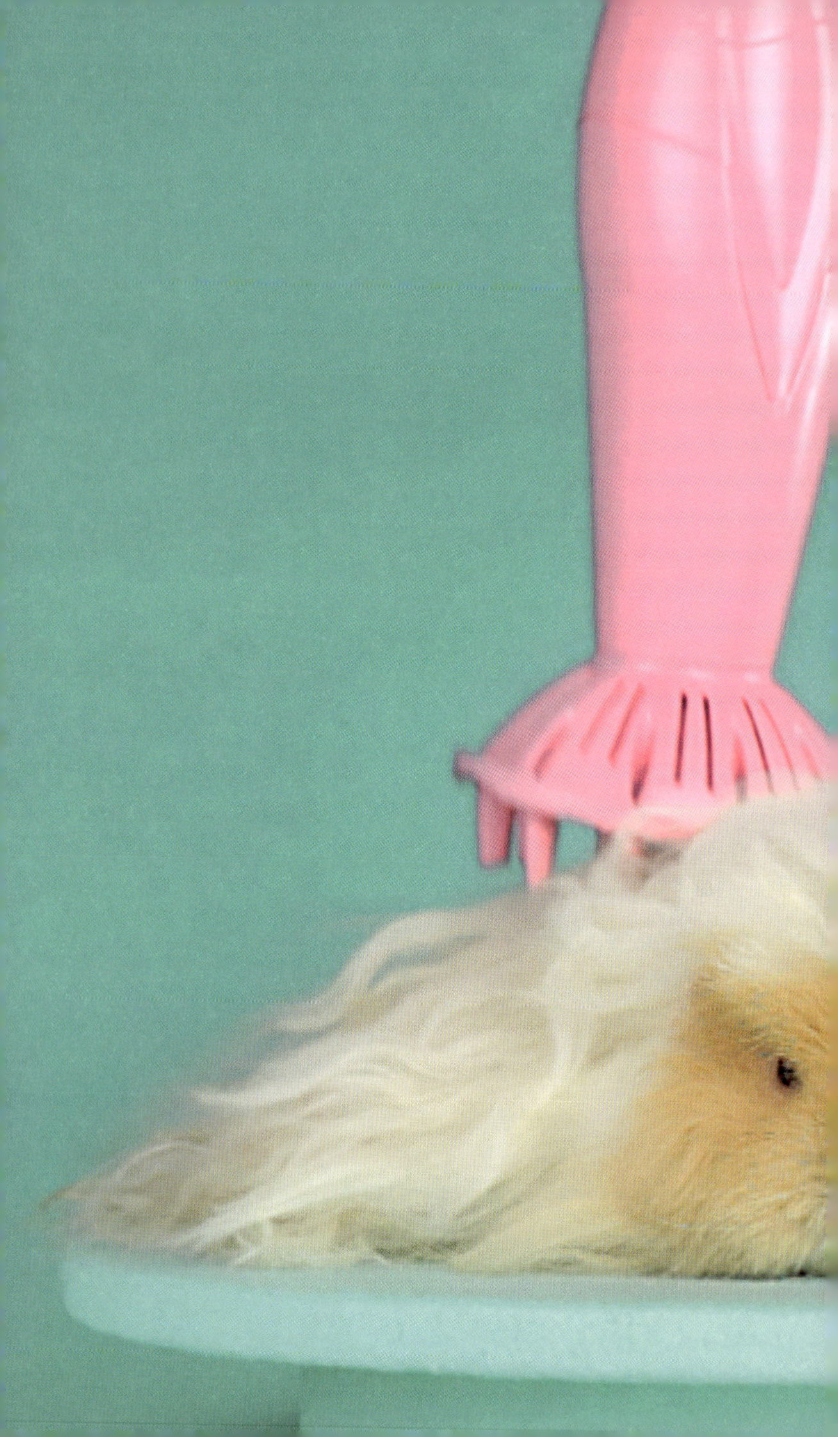

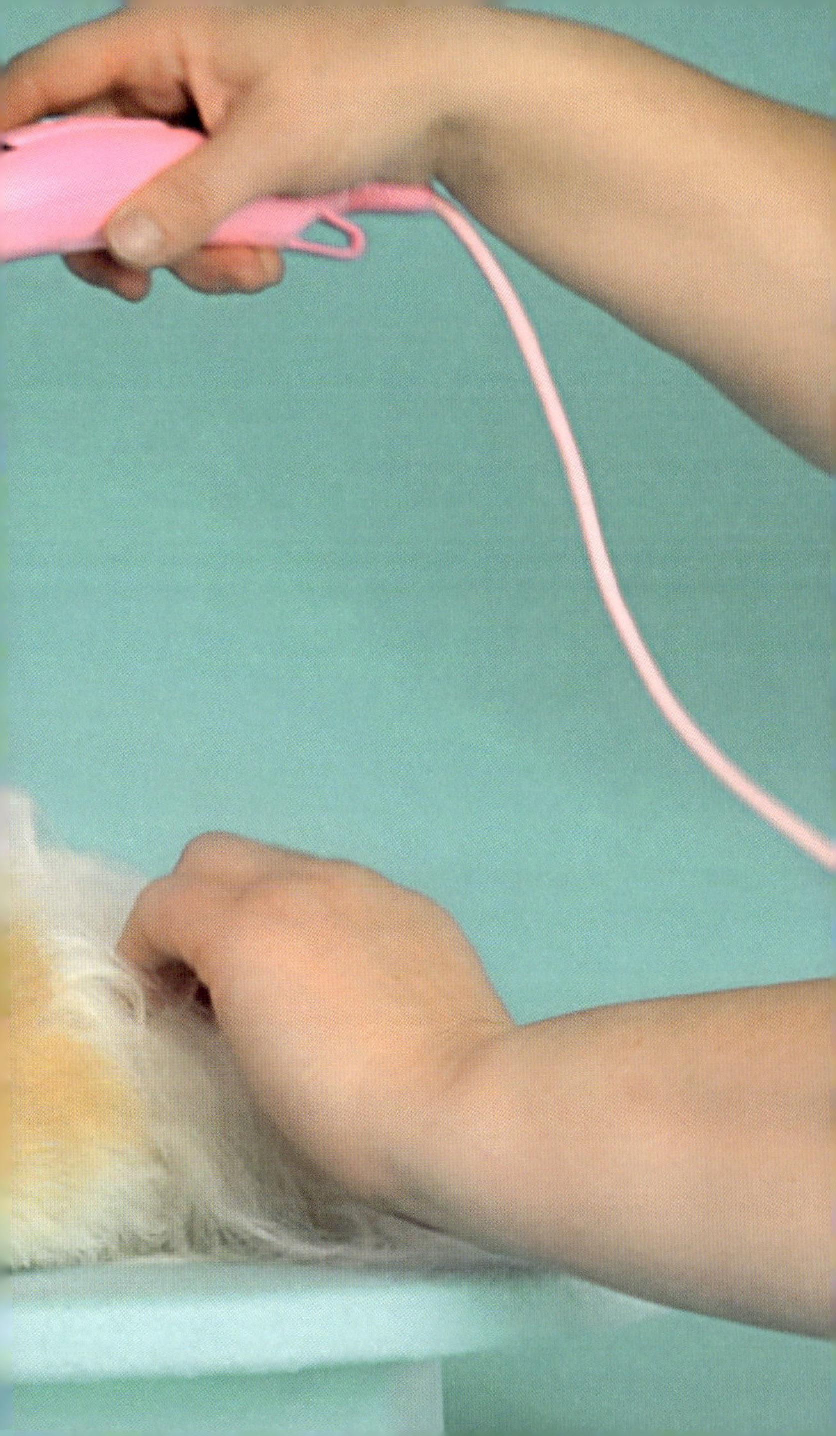

Thalia de Jong

Golden Boy

2015

Golden Boy, een prijswinnende cavia, zit op een presenteerblad om te worden gecoiffeerd. In zijn pels zitten roze speldjes die zijn prachtige haartooi in de juiste vorm moeten brengen. Om er zogenaamd perfect uit te zien wordt hij door mensenhanden geplukt, bijgeknipt en uiteindelijk geföhnd. Maar elke vorm van natuurlijk gedrag wordt het dier volledig ontnomen. De cavia wordt een onbeweeglijk object waarop gekke menselijke denkbeelden van schoonheid worden geprojecteerd.

Golden Boy, a prize-winning guinea pig, is sitting on a salver being groomed. His coat contains pink hair clips which are intended to tease his magnificent fur into the right shape. He is plucked, trimmed and finally blown-dry by human hand, apparently to perfection. But all forms of natural behaviour have completely disappeared as the guinea pig becomes a motionless object onto which humans' crazy notions of beauty are projected.

HD-Video, Sound, 2:00 Min.

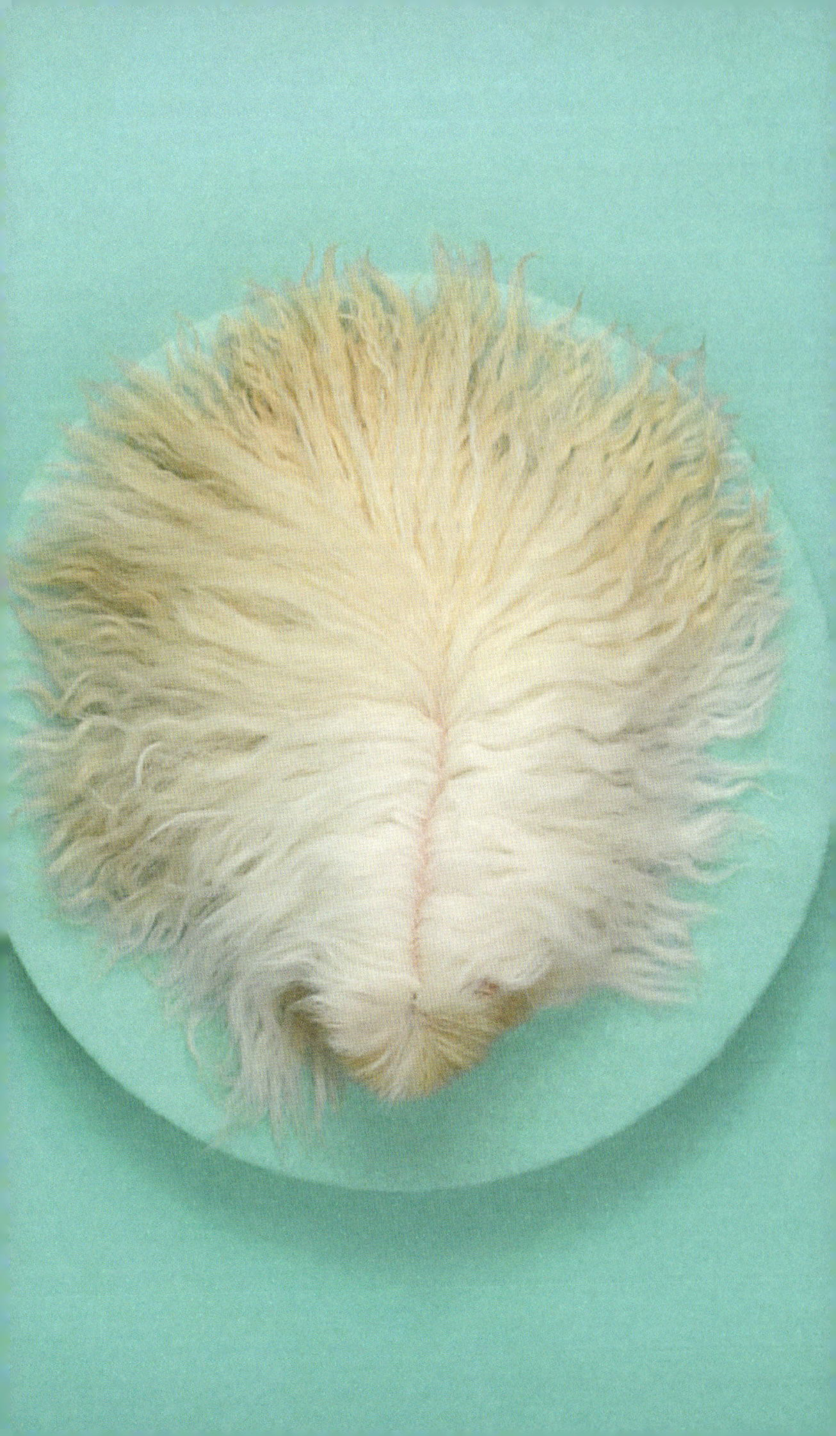

N°00 Furwig

1996

Desiree Heiss en Ines Kaag werken sinds het midden van de jaren 90 samen onder het BLESS-label. Hoewel ze opgeleid zijn als modeontwerpers zijn ze vandaag vooral bekend om hun conceptuele ontwerpen. Met *Furwig*, een van hun eerste werken, verwierven ze internationale faam. Het object ziet eruit als een kruising tussen een pruik, een hoed en een mohawk. Het hoofddeksel uit wasbeerbont geeft de drager ervan een dierlijk voorkomen, maar de functie ervan is niet echt duidelijk.

Desiree Heiss and Ines Kaag have been working together under the BLESS label since the mid-1990s. These trained fashion designers are best known for their conceptual designs. *Furwig*, one of their earliest works, helped them achieve international fame. A cross between a wig, a hat and a Mohican hairstyle, although this headgear made of raccoon skin gives its wearers an animal appearance, its exact function remains uncertain.

Wasbeer en leder
Racoon and leather
20 × 20 cm

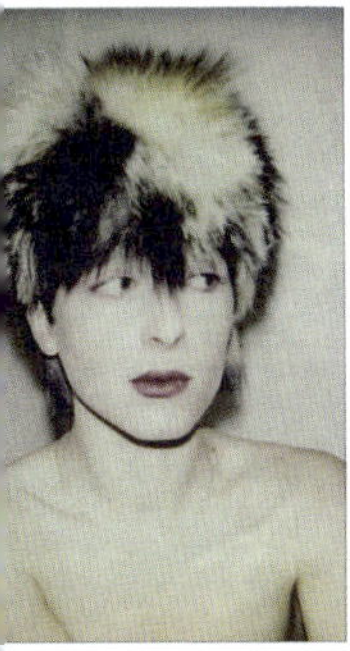
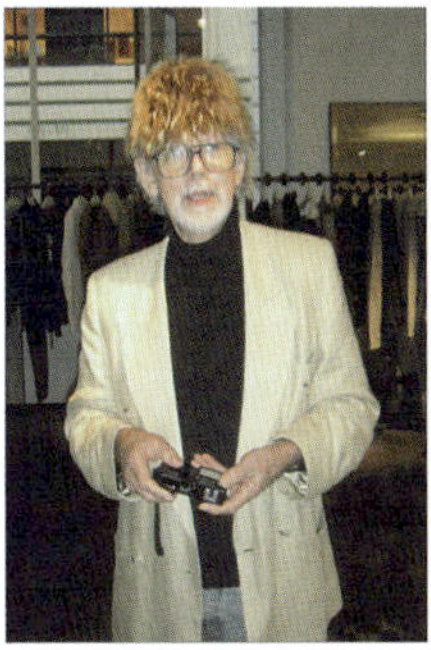
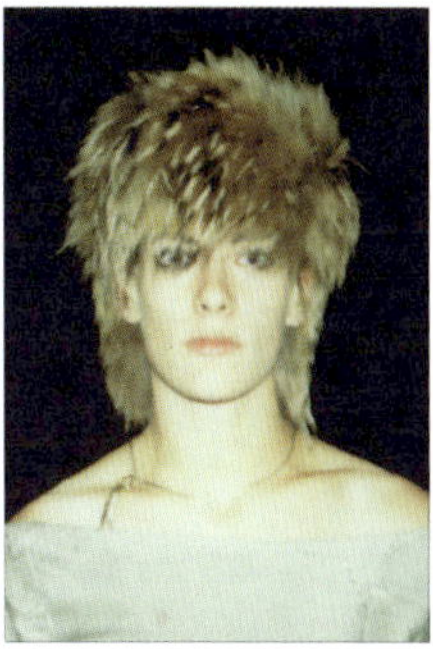
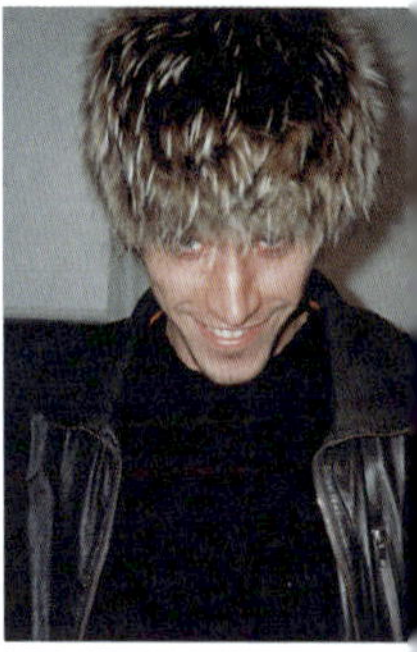
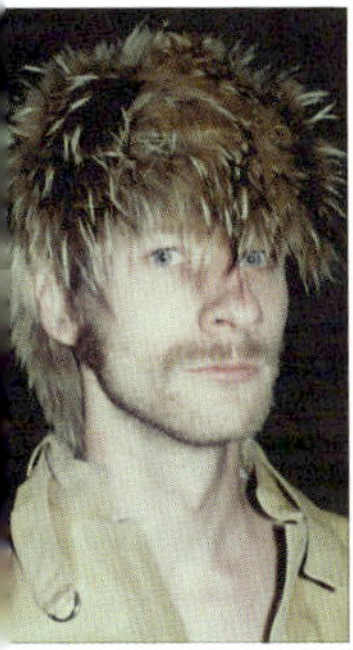
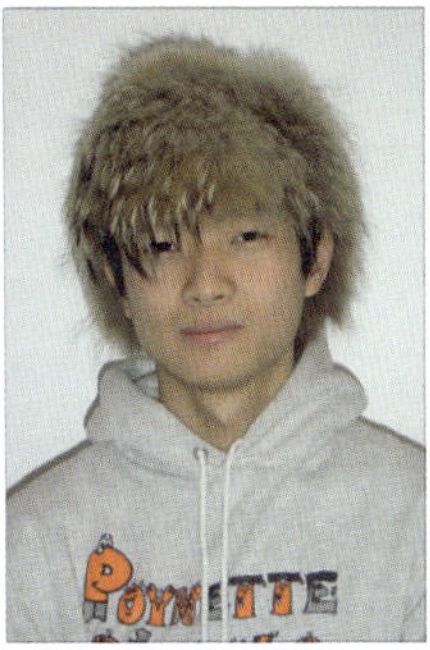
POYNETTE
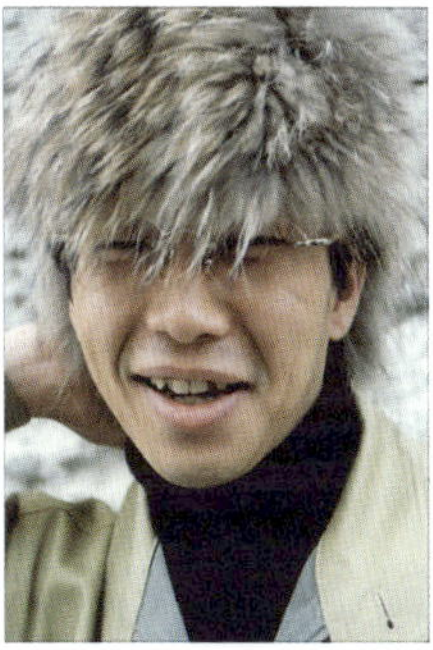
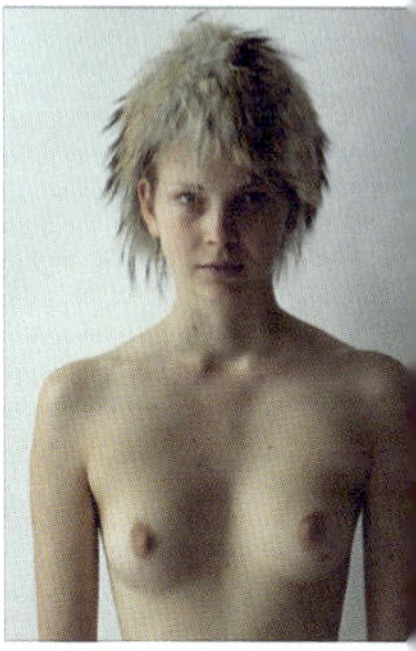
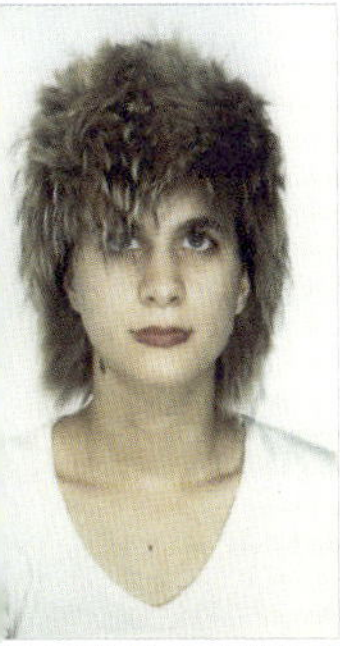
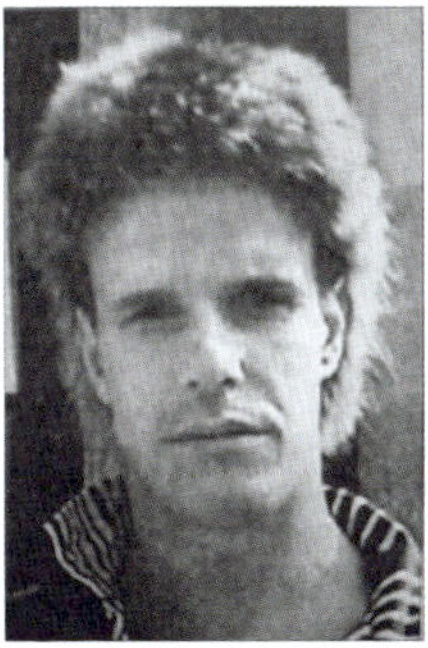
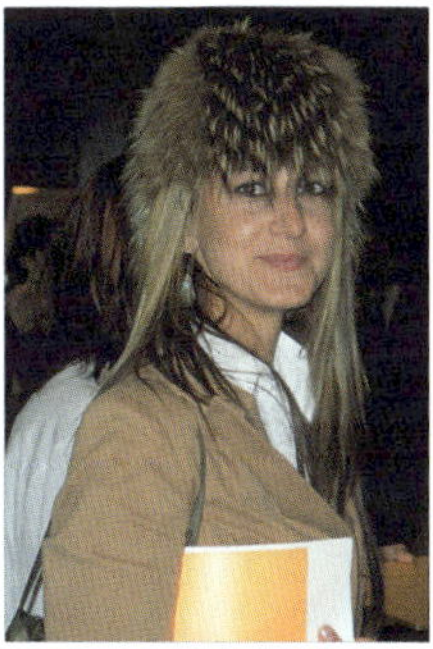
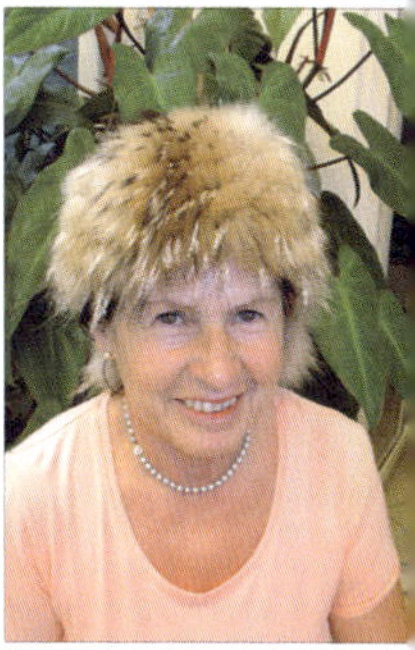
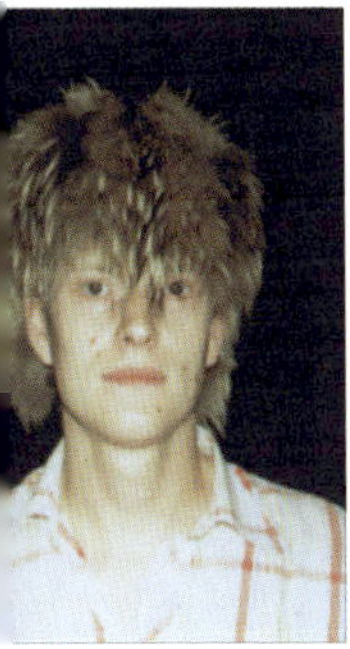
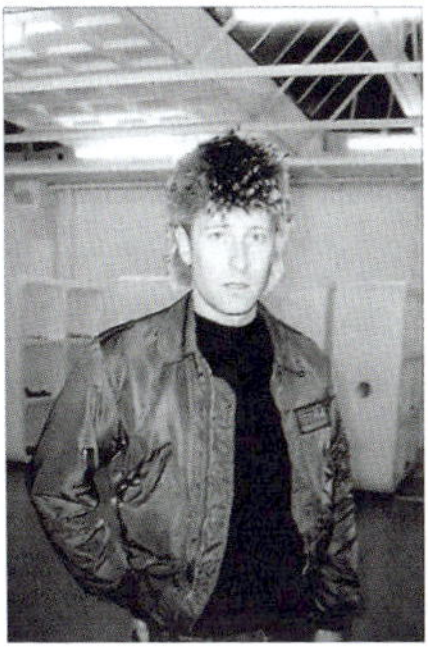
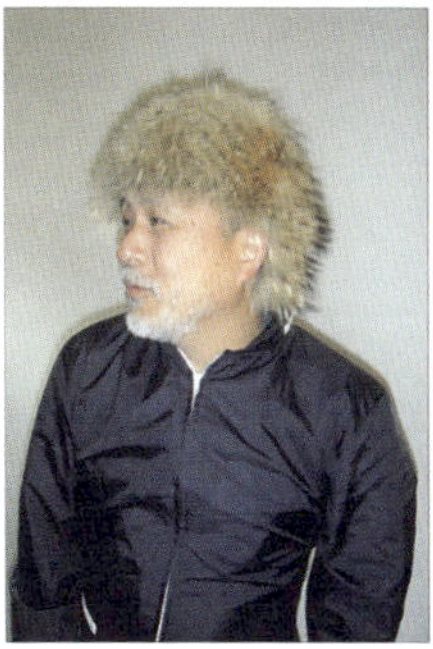
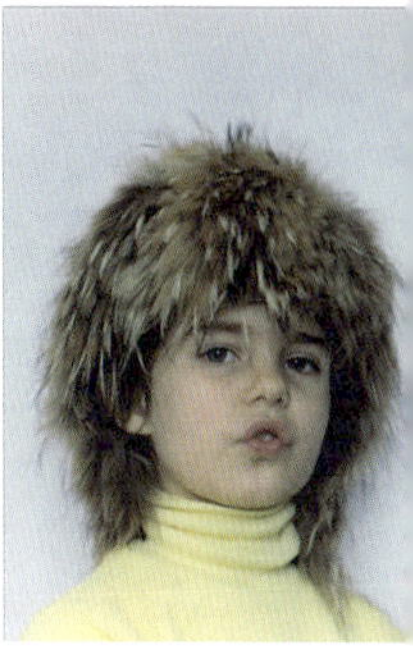

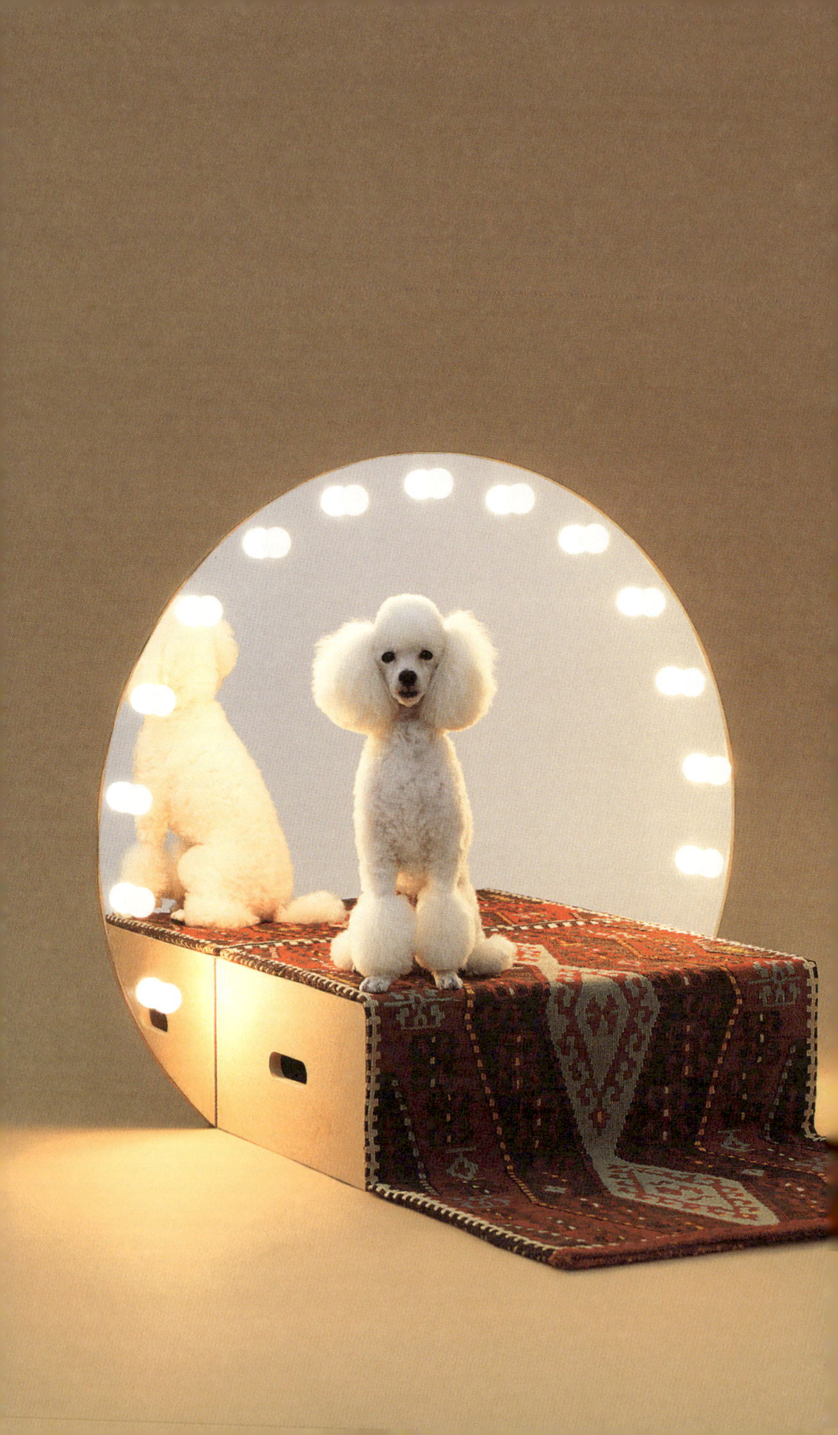

Konstantin Grcic voor/for Architecture for Dogs

Paramount

2012

Een platform bekleed met zacht tapijt en een Hollywoodschminkspiegel, rondom verlicht door vijftien gloeilampen. De installatie van Konstantin Grcic staat op de vloer, klaar om door een poedel als podium te worden gebruikt. Tijdens experimenten gericht op zelfwaarneming hebben wetenschappers ontdekt dat sommige diersoorten zichzelf in een spiegel herkennen – maar honden behoren niet tot die groep. Dat weerhoudt trotse poedelbezitters er niet van hun hond menselijke eigenschappen toe te dichten. Als reactie daarop ontwierp Grcic dit zelfbouwmeubel voor ijdele viervoeters.

On a small platform covered by a soft rug is a Hollywood makeup mirror lit up by fifteen light bulbs around it. The installation by designer Konstantin Grcic stands on the floor, ready to be used as a stage by a poodle. During experiments into self-perception, scientists have discovered that some animals can recognize themselves in the mirror – but not dogs. Even so, proud poodle owners attribute human characteristics to their dogs – and in response to this, Grcic designed this flat-pack furniture for vain four-legged friends.

Zelfbouwmeubel, sokkel, spiegel, tapijt, gloeilampen
Do-it-yourself furniture, pedestal, mirror, carpet, bulbs
79 × 42 × 90 cm

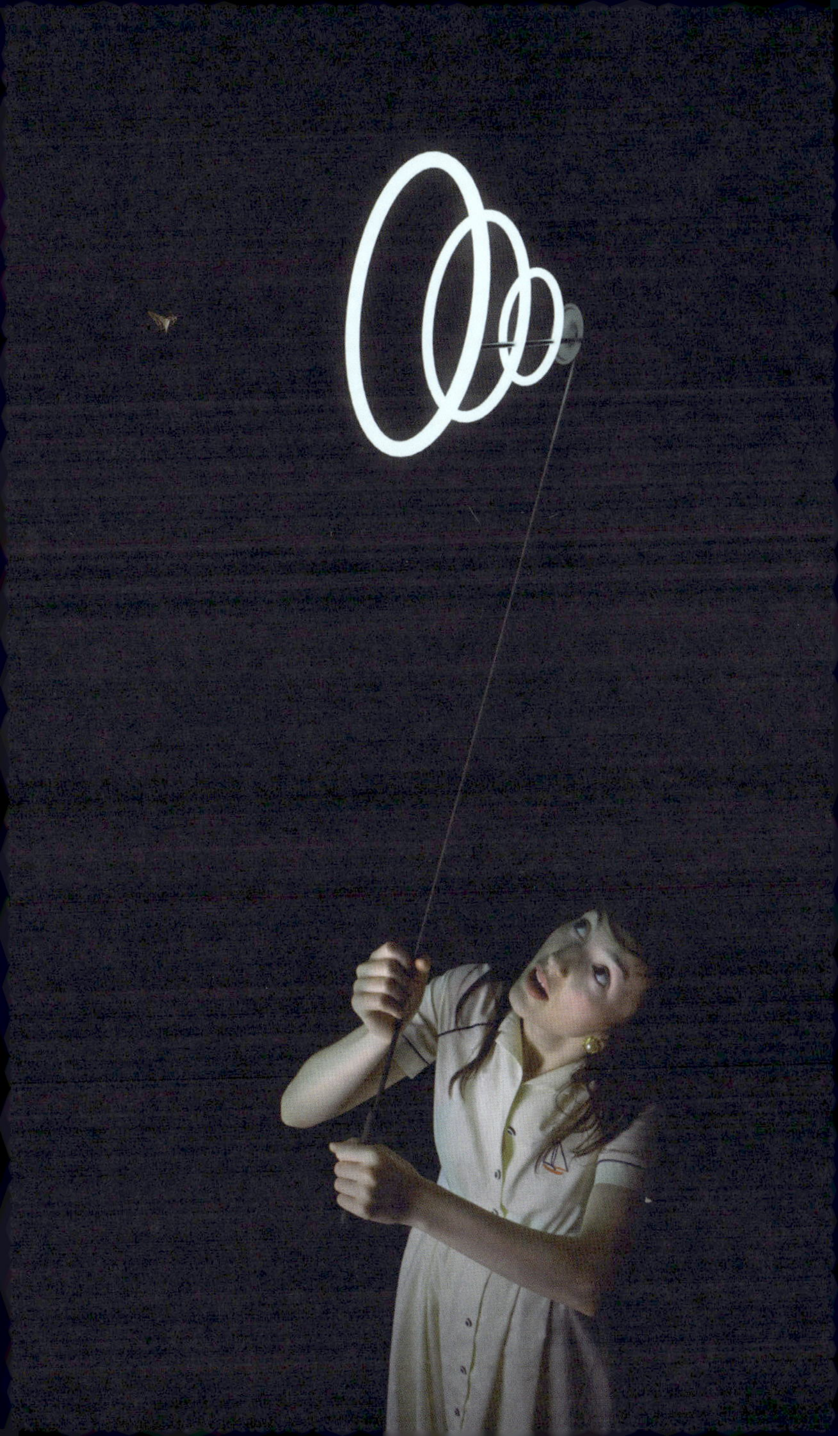

Chris Woebken

Sensellae

Collector, Trainer, Augmentation, 2008

Door toenemende bijensterfte wordt het belang van insecten binnen ons ecosysteem steeds duidelijker. Toch bestaat er nog steeds een negatief beeld van insecten, en ze worden nog al te vaak als ongedierte beschouwd. Daarom heeft Chris Woebken een reeks hulpmiddelen ontwikkeld om communicatie tussen mens en insect te stimuleren. Met luminescent licht worden motten getraind om de kleinste geurpartikels te herkennen en aan te geven door middel van een bepaald gedragspatroon. Hierdoor wordt een vernevelaar geactiveerd die signaalstoffen verspreidt en op die manier geuren versterkt die voorheen niet door de mens konden worden waargenomen.

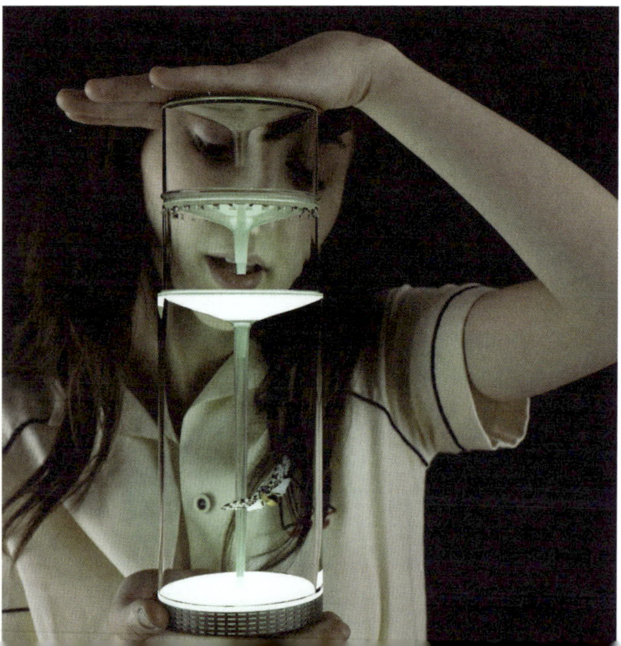

The increasing disappearance of bees has made society far more aware of insects' importance. Even so, many people still have negative ideas about insects and see them as pests. Therefore, Chris Woebken has developed a set of tools to stimulate communication between humans and insects. Attracted by *electro-luminescent* light, moths are trained to detect even tiny amounts of odorant molecules and to indicate their presence through certain behaviour. This also triggers a nebulizer that spreads signaling substances, amplifying smells previously imperceptible to humans.

Conceptschets / Concept Sketch

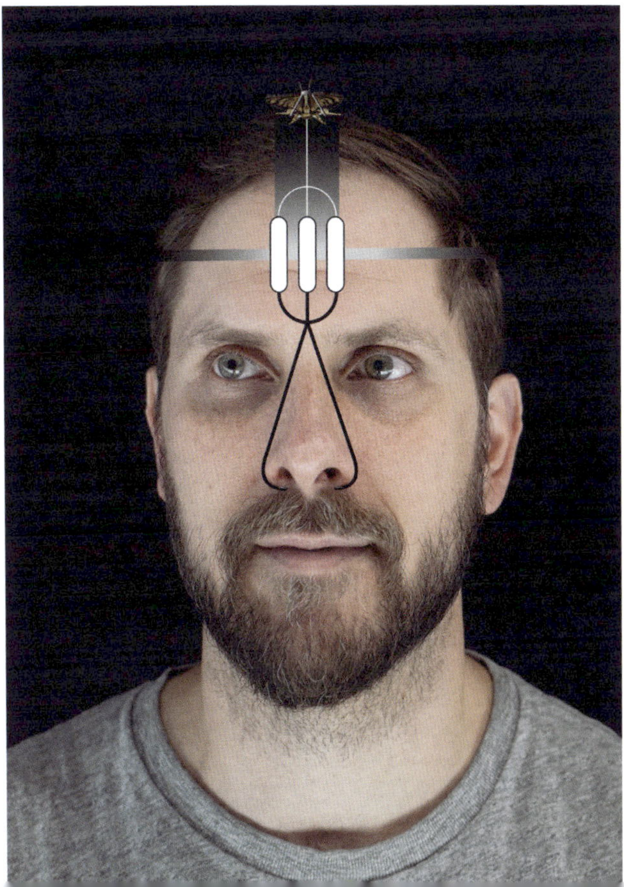

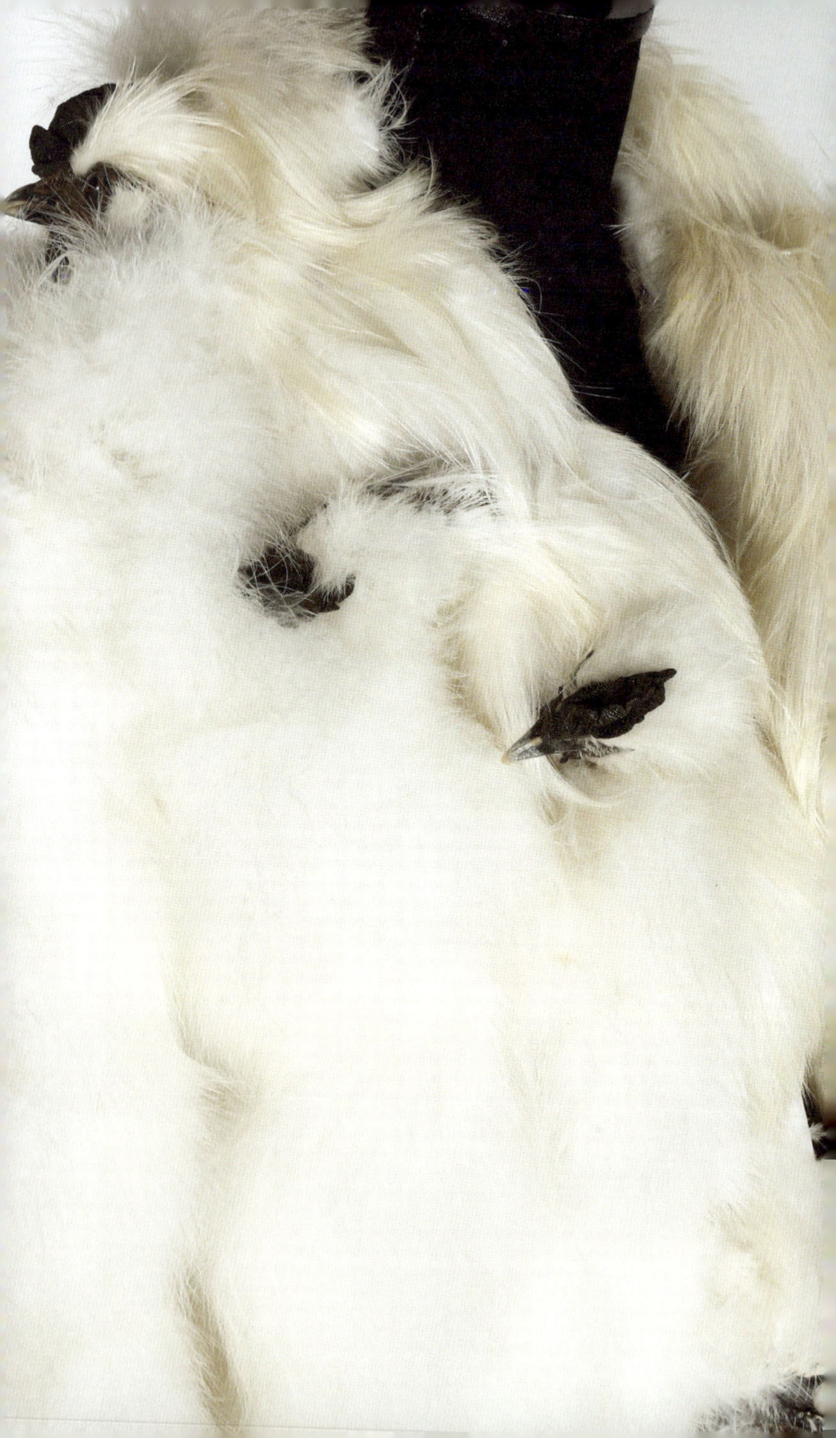

Koen Vanmechelen

Under My Skin – C.C.P.

2011

De veren van deze monumentale jas zijn afkomstig van de vijftiende generatie van Koen Vanmechelens *Cosmopolitan Chicken Project*; een kruisingsproject met nationale kippenrassen van over de hele wereld. De *Mechelse Silky* of de Mechelse zijdekip is ongetwijfeld een van de mooiste kruisingen uit dit project. Met de Chinese zijdehoen als vader, heeft deze soort een uniek zijde-zachte verenpracht. Vanmechelen benadrukt met dit project de co-evolutie van de mens en de kip, de samenwerking tussen kunstenaar/mens en dier. Wie wordt hier beter van? De kip van de mens of de mens van de kip?
Alle dieren die in de jas verwerkt werden, stierven een natuurlijke dood.

The feathers of this monumental coat originate from the fifteenth generation of Koen Vanmechelen's *Cosmopolitan Chicken Project*, which crossbreeds national chicken breeds from all over the world. The *Mechelse Silky* is doubtless one of the most beautiful crossings from this project. With the Chinese Silky chicken as a father, this breed stands out with its silky soft feathers. Vanmechelen emphasizes with this project the co-evolution of human and chicken, the collaboration between artist/human and animal. Who benefits from this? Chickens from humans or humans from chickens?
All animals used for the creation of this coat died a natural death.

Opgezette kippenveren (CCP14), zijde
Taxidermic chicken feathers (CCP14), silk
160 × 83 × 30 cm

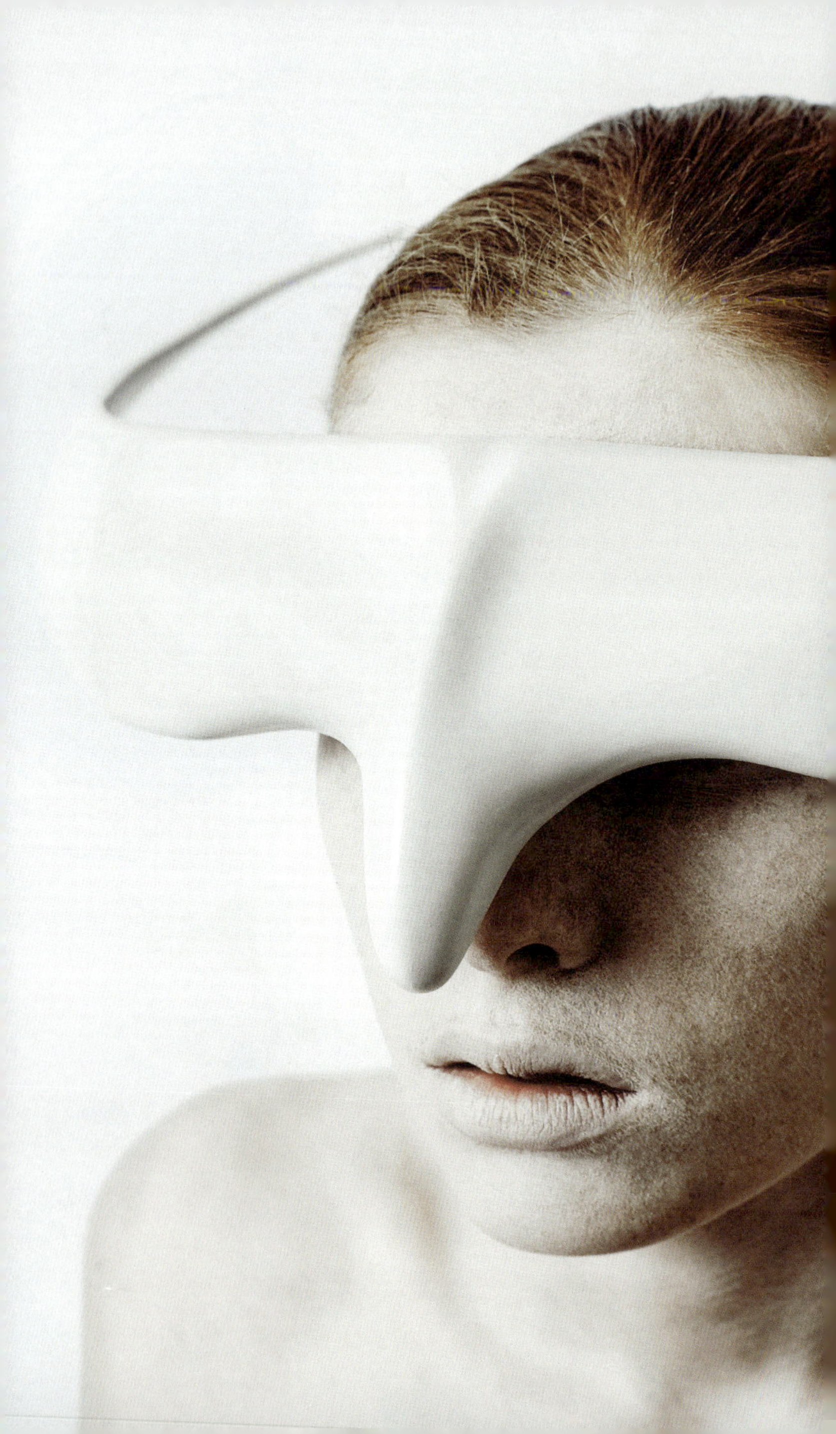

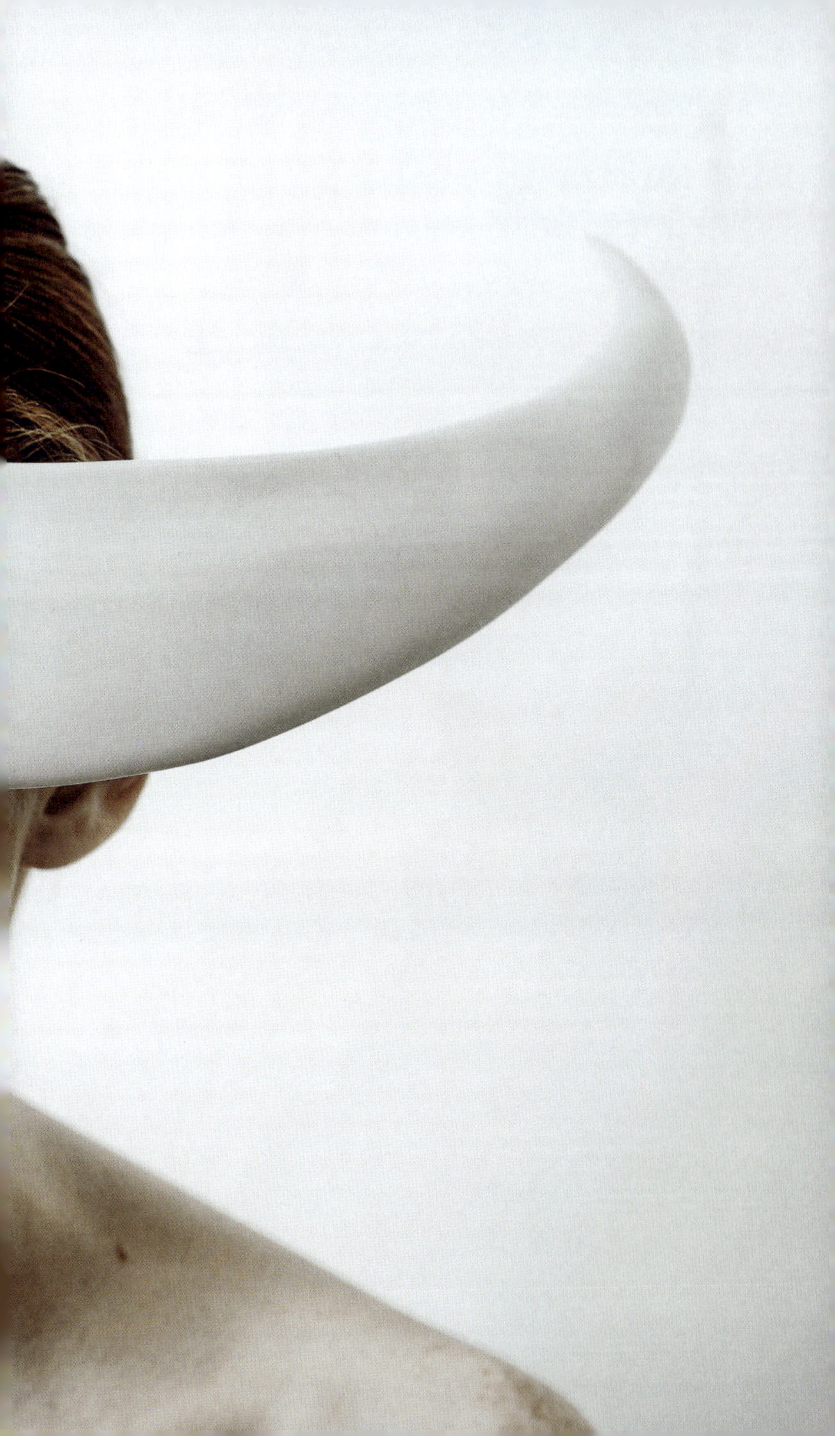

Ana Rajcevic

Animal 02 / 06 / 07

The Other Side of Evolution, 2012

Geïnspireerd door dierlijke skeletten ontwierp Ana Rajcevic een reeks sculpturale objecten die mensen als juwelen kunnen dragen. Tegelijk verwijzen deze verlengstukken van het lichaam ook naar archaïsche artefacten die vaak werden gebruikt tijdens rituelen om bijzondere dierlijke krachten op de mens over te dragen. De dragers ervan muteren tot een mengwezen dat zowel tot het verleden als tot de toekomst zou kunnen behoren.

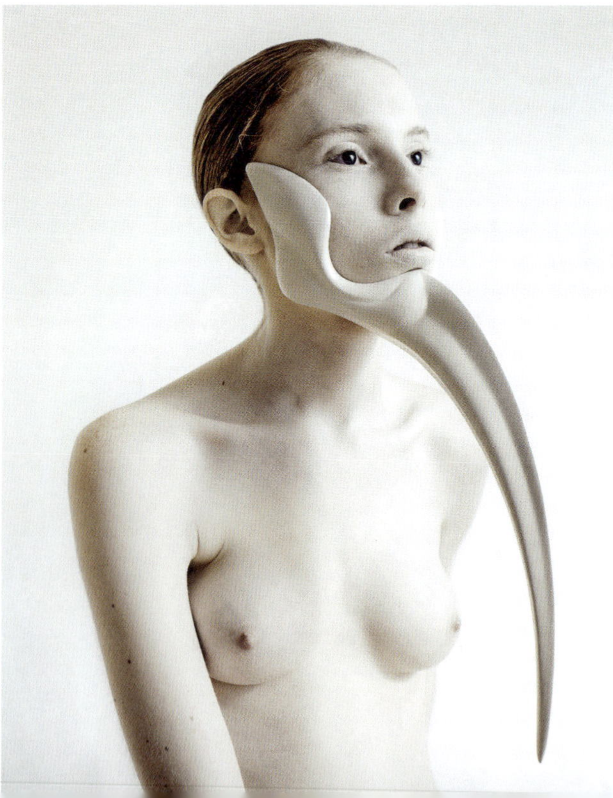

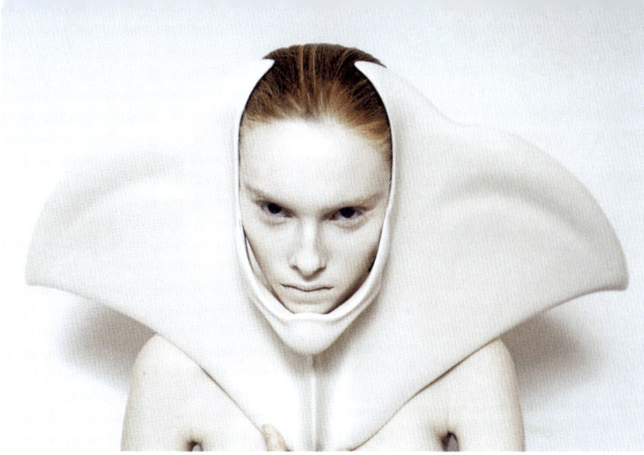

Inspired by animal skeletons, Ana Rajcevic designed a series of sculptural objects which adorn the wearer like large pieces of jewellery. These body extensions are also reminiscent of archaic artefacts often used in rituals to transfer an animal's special power to humans. The wearers are transformed into mixed creatures which could equally belong to a past or future world.

Glasvezel, polyurethaan, rubber
Fibreglass, polyurethane, rubber
22 × 37 × 16 cm; 10 × 16 × 13 cm; 19 × 31 × 7 cm

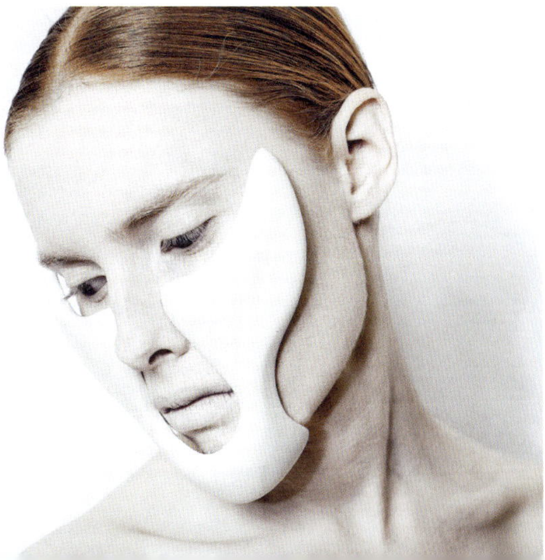

Plume Dress

Biomimicry Collection, 2016

Een uitgebreide studie van verschillende huidstructuren van dieren lag aan de oorsprong van de *Biomimicry*-collectie. Het oppervlak, geïnspireerd op het verenkleed van een dier, bestaat uit verschillende, soms bewegende onderdelen. De jurk verenigt ambachtelijk handwerk met experimentele technieken. Daarmee imiteert ze niet alleen de fascinerende schoonheid van in de natuur aanwezige structuren, maar verwijst ze ook naar de functie van perfecte bescherming tegen koude en vochtigheid.

The *Biomimicry* collection began with the study of different skin structures. Inspired by the plumage of an animal, the surface consists of different, in some cases moving parts. As well as combining traditional craftsmanship with the experimental technology, the dress imitates a fascinatingly beautiful structure occurring in nature – and also highlights its perfect protective function against cold and damp.

Gerecycleerde badmintonpluimballen, filetweefsel
Recycled badminton shuttlecocks, power mesh
91,4 × 61 × 38 cm

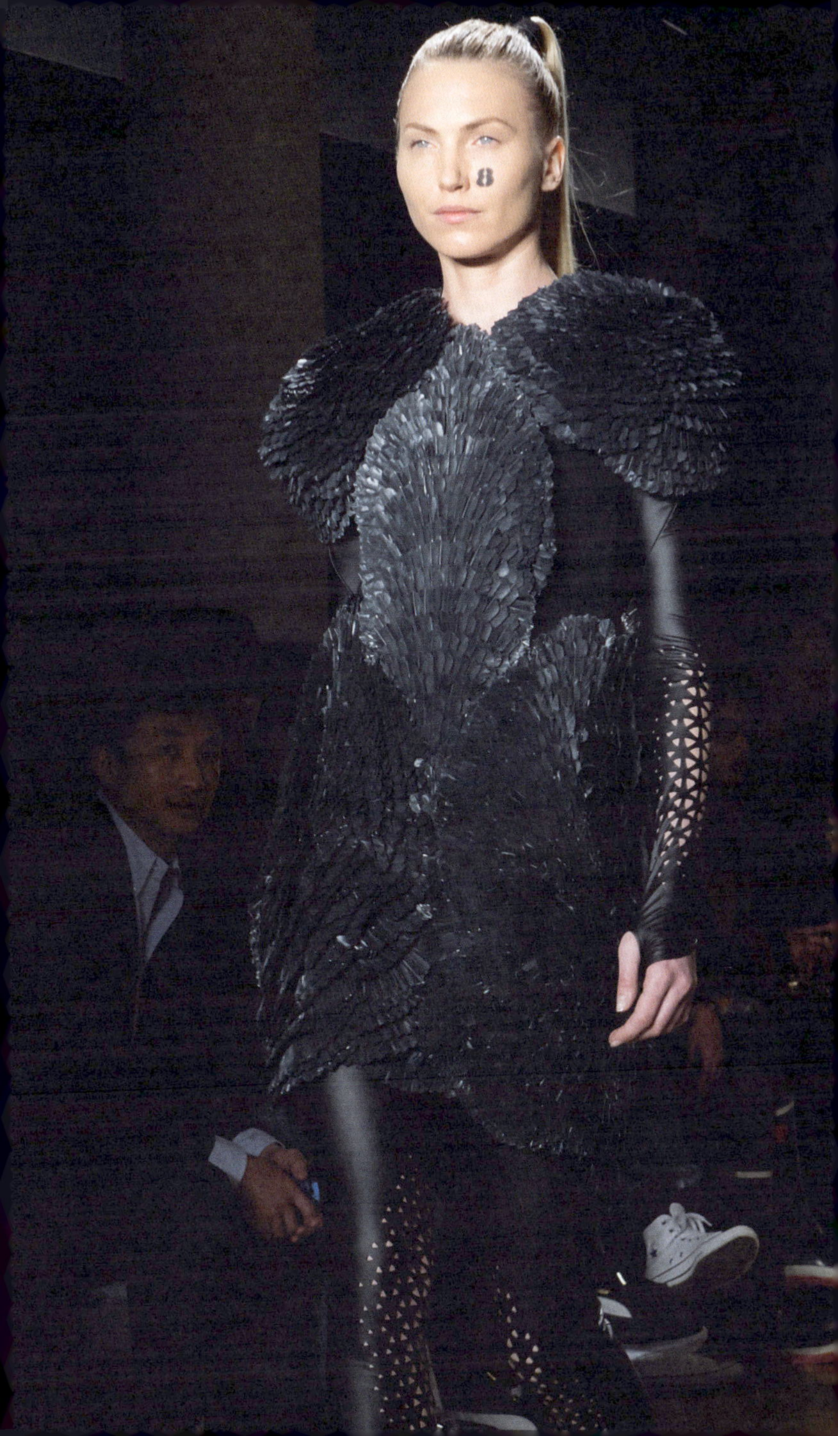

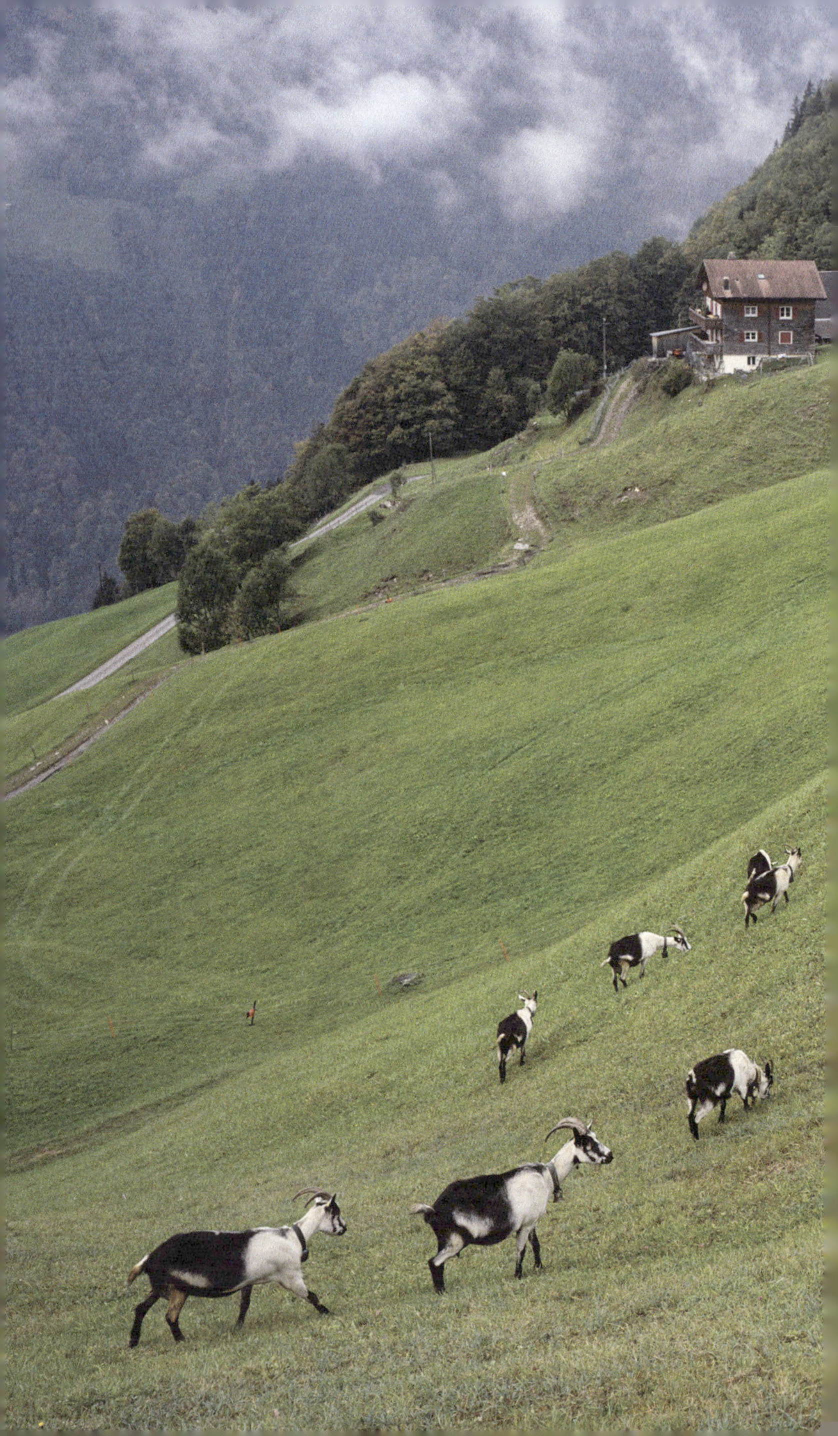

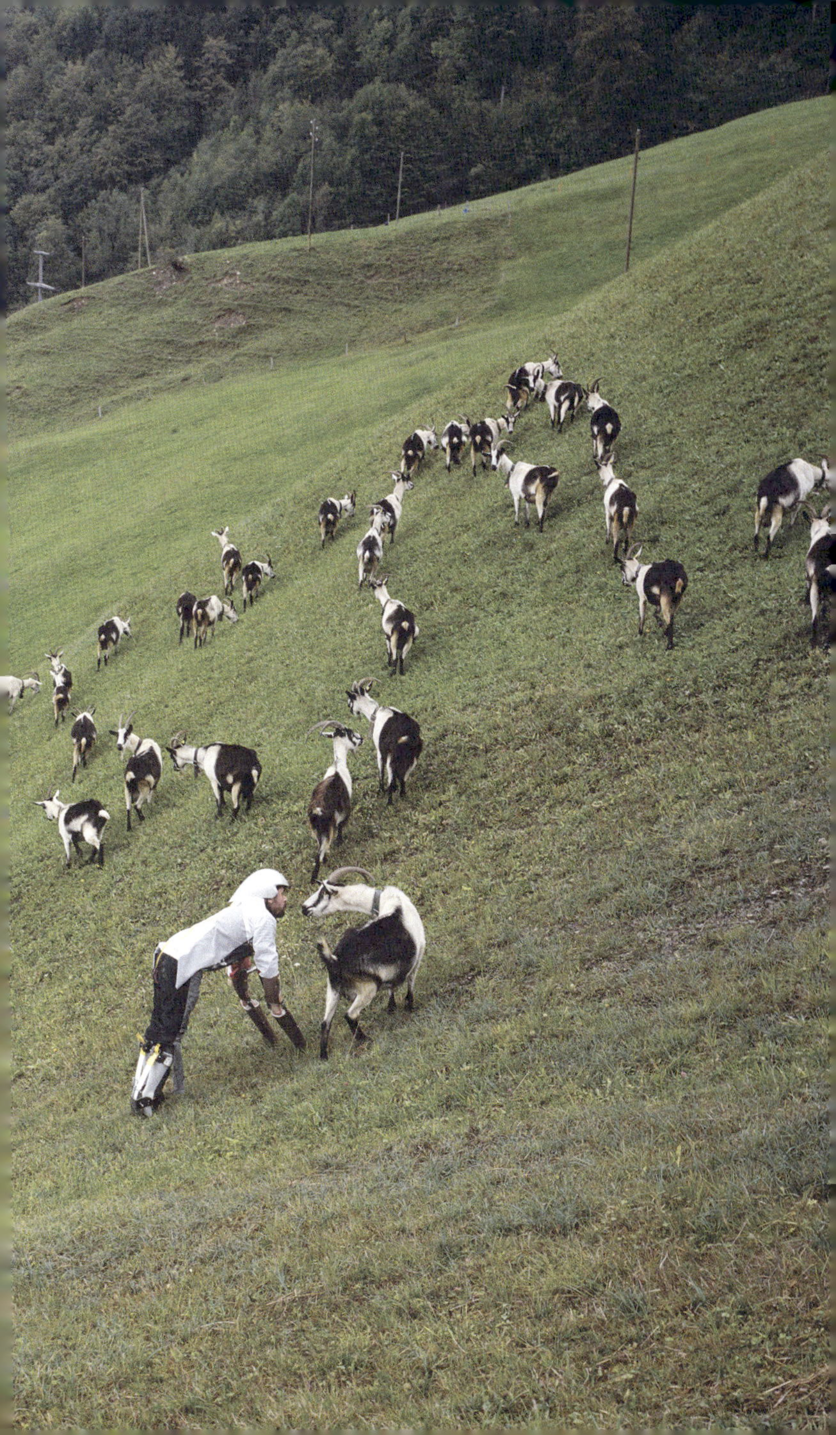

Thomas Thwaites

GoatMan

A Holiday from Being Human, 2015

De Britse ontwerper Thomas Thwaites leefde een paar dagen als geit in de Zwitserse Alpen. Hij gebruikte daarvoor speciaal - ontworpen kunstbenen die hem in staat stelden zich voort te bewegen als viervoeter. Hij klom ermee over rotsachtige hellingen en dacht na over hoe hij zich met gras kon voeden en hoe hij het zou kunnen verteren. Zijn project *A Holiday from Being Human* is een weerspiegeling van de wens om zich te bevrijden van de menselijke dwanggedachten, zoals het constante streven naar vooruitgang en het reflecteren over zijn eigen handelingen, en om zoals een dier volledig 'in het moment' te leven. Om zich voor te bereiden op deze poging om de wereld te ervaren vanuit het perspectief van een ander levend wezen raadpleegde Thwaites neurowetenschappers, diergedragsdeskundigen, prothesemakers, medewerkers van een dierenkerkhof en een sjamaan, om fysiek en mentaal zo dicht mogelijk bij het dier te kunnen staan. Nadat hij daarin tot het uiterste was gegaan leken de geiten hem daadwerkelijk te accepteren.

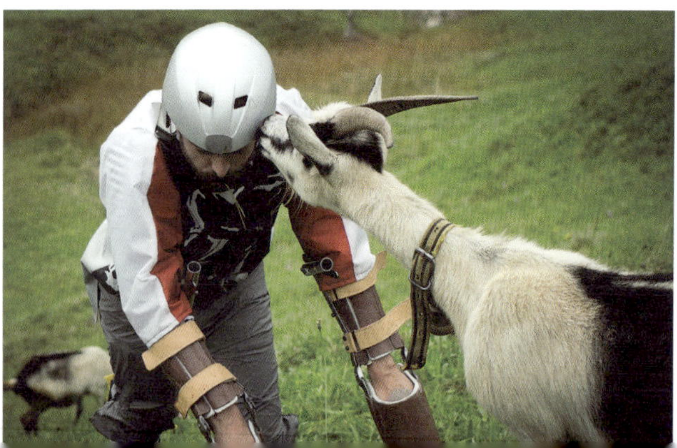

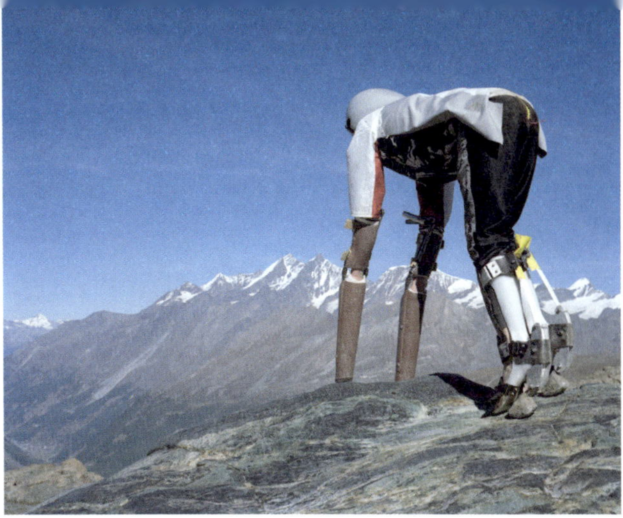

British designer Thomas Thwaites spent a few days in the Swiss Alps living like a goat. Using specially made prosthetic legs enabling him to walk like a quadruped, he climbed over rocky slopes and considered how he could feed himself on grass and digest it. The project *A Holiday from Being Human* reflects the desire to free oneself from human constraints such as the constant pursuit of progress and thinking about one's own actions, and to 'live totally in the moment' like an animal. When planning this attempt to experience the world from the perspective of another creature, Thwaites consulted neuroscientists, animal behaviourists, prosthodontists, staff at an animal sanctuary and a shaman in order to become as similar to the animals as possible, both physically and mentally. And having gone to these extreme lengths, he actually seemed to be accepted by the goats.

The Man who Wanted to be a Goat, 2015
Video, Sound, 16:05 Min.

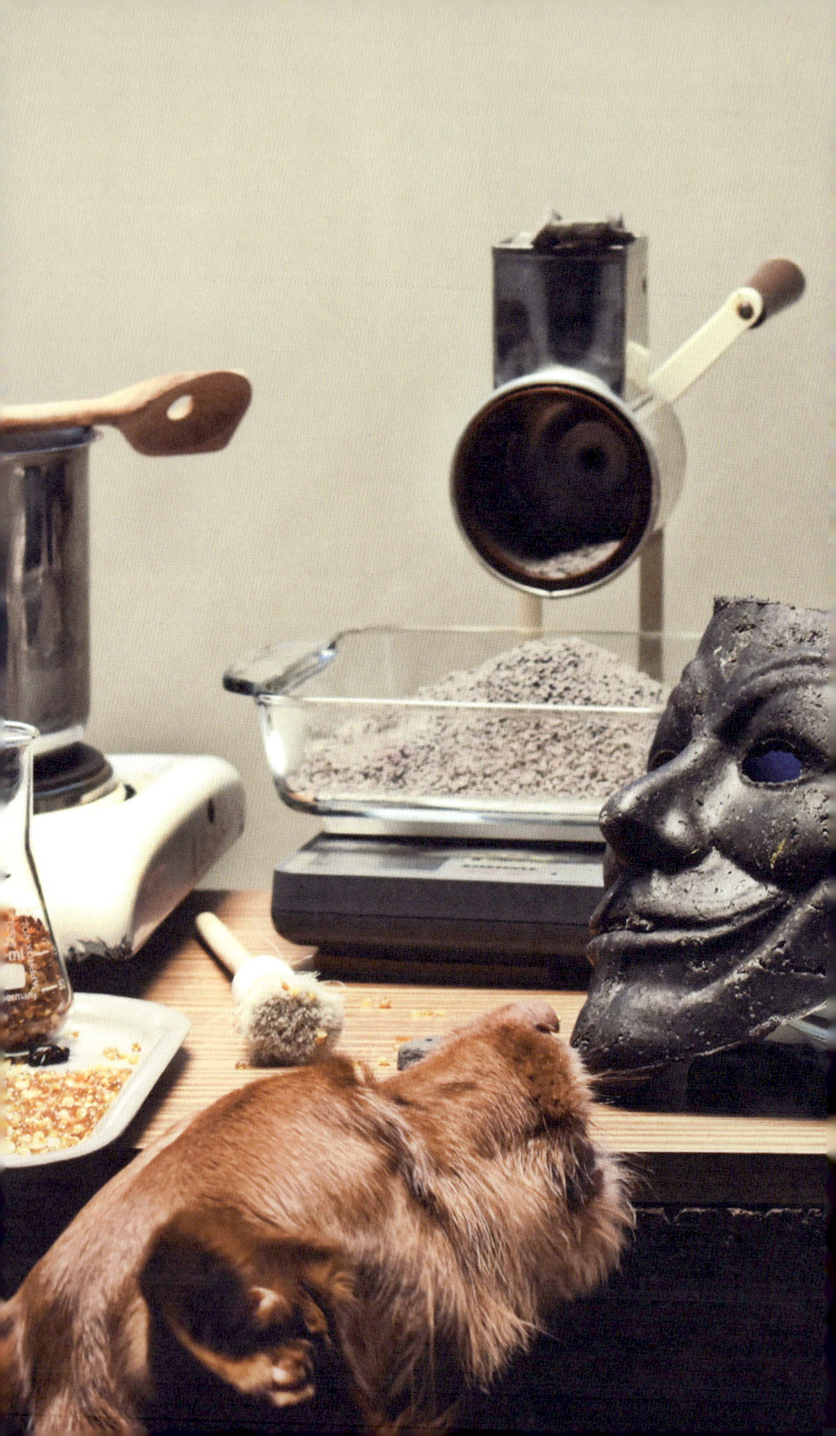

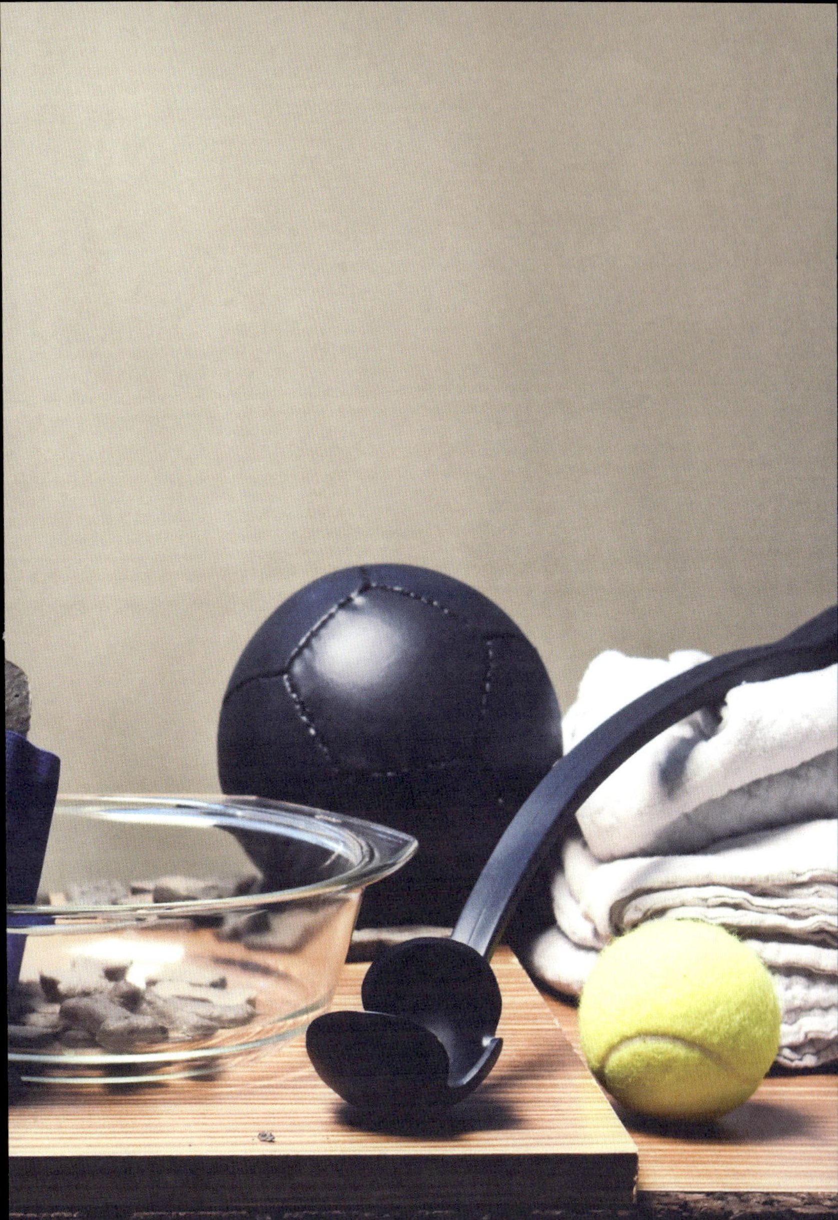

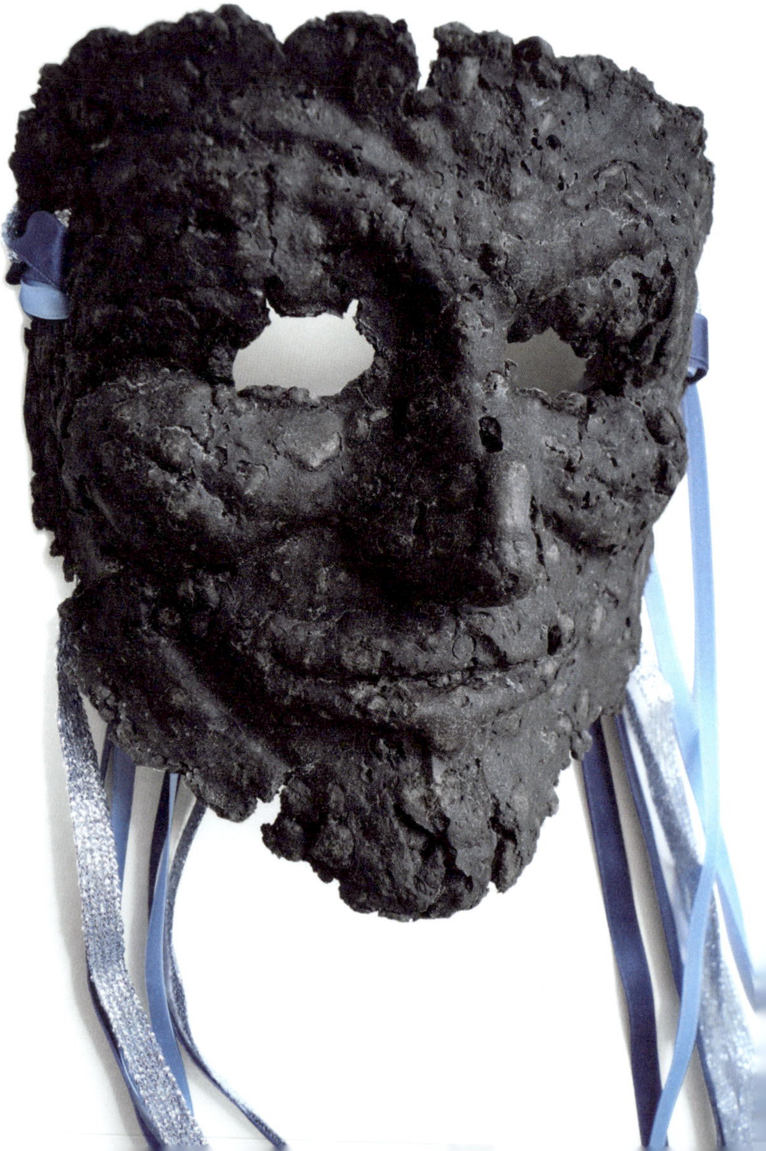

Christine Herdin, Katharina Wahl

Schmusemaske Schleckstein

2015

Er is op de markt voor huisdierproducten een grote vraag naar delicatessen voor dieren. Christine Herdin en Katharina Wahl tonen aan dat de fantasie hier grenzeloos is: ze ontwikkelden likstenen in de vorm van een masker. Door eraan te likken nemen onze viervoeters niet alleen de nodige gezonde mineralen op, tegelijk worden ze aangemoedigd om het baasje of bazinnetje te liefkozen. Het project staat niet alleen symbool voor de innige verbondenheid tussen mens en dier. Het roept ook vragen op over de grenzen tussen dominantie en oprechte affectie, tussen temmen en teugelloosheid, en over het punt waarop dieren worden gebruikt om aan de noden van de mens te voldoen.

Tasty delicacies for animals are in high demand on the pet market. And the possibilities are endless, as demonstrated by Christine Herdin and Katharina Wahl, who have developed a mineral lick shaped like a mask. By licking it, four-legged friends are provided with healthy minerals and simultaneously encouraged to canoodle with their owner. But as well as symbolizing a close bond between humans and animals, the project also raises questions about the boundaries between domination and genuine affection, between taming and uncontrollability, and the point at which animals are exploited to satisfy human needs.

Maskers uit hondenkoeken en beenderlijm
Masks of dog biscuit and bone glue
8 × 16 × 16 cm; 8 × 18 × 17 cm

HD-Video, 1:32 Min.

Can you walk
on two feet?

Are you agreeable?

Do you form
concepts?

Do you use sex
for appeasement?

Does your brain
have two halves?

Do you bare your
teeth as an
aggressive gesture?

Do you break
alliances between
others for your
own gain?

Marcus Coates in samenwerking met primatoloog
In collaboration with primatologist Volker Sommer

Degreecoordinates, Shared Traits of the Hominini

(Humans, Bonobos and Chimpanzees), 2015

In deze tekst, ontstaan uit een samenwerking met primatoloog Volker Sommer, confronteert Marcus Coates de lezer met een reeks vragen. Het uitgangspunt bestaat uit zowel fysieke als mentale eigenschappen van hominiden, een biologische familie van primaten waartoe, naast gorilla's, orang-oetans en chimpansees, ook de mens behoort. In het werk worden de gelijkenissen tussen apen en de zogenaamd gecultiveerde mens benadrukt. Deze gelijkenissen worden al te vaak verloochend op grond van een menselijk gevoel van superioriteit tegenover het dierenrijk.

In his text written with primatologist Volker Sommer, Marcus Coates confronts observers with a series of questions. As their starting point, they took both physical and mental characteristics of hominids, a biological family of primates which includes gorillas, orangutans and chimpanzees – and also humans. The work highlights the similarities between apes and supposedly cultivated humans, similarities which are frequently denied due to mankind's sense of superiority over the animal kingdom.

Vinyl belettering op de muur / Vinyl lettering on wall

Are you friendly?

Can you scream?

Does the colour
of your face differ
from that of others?

Do you resolve
conflicts using sex?

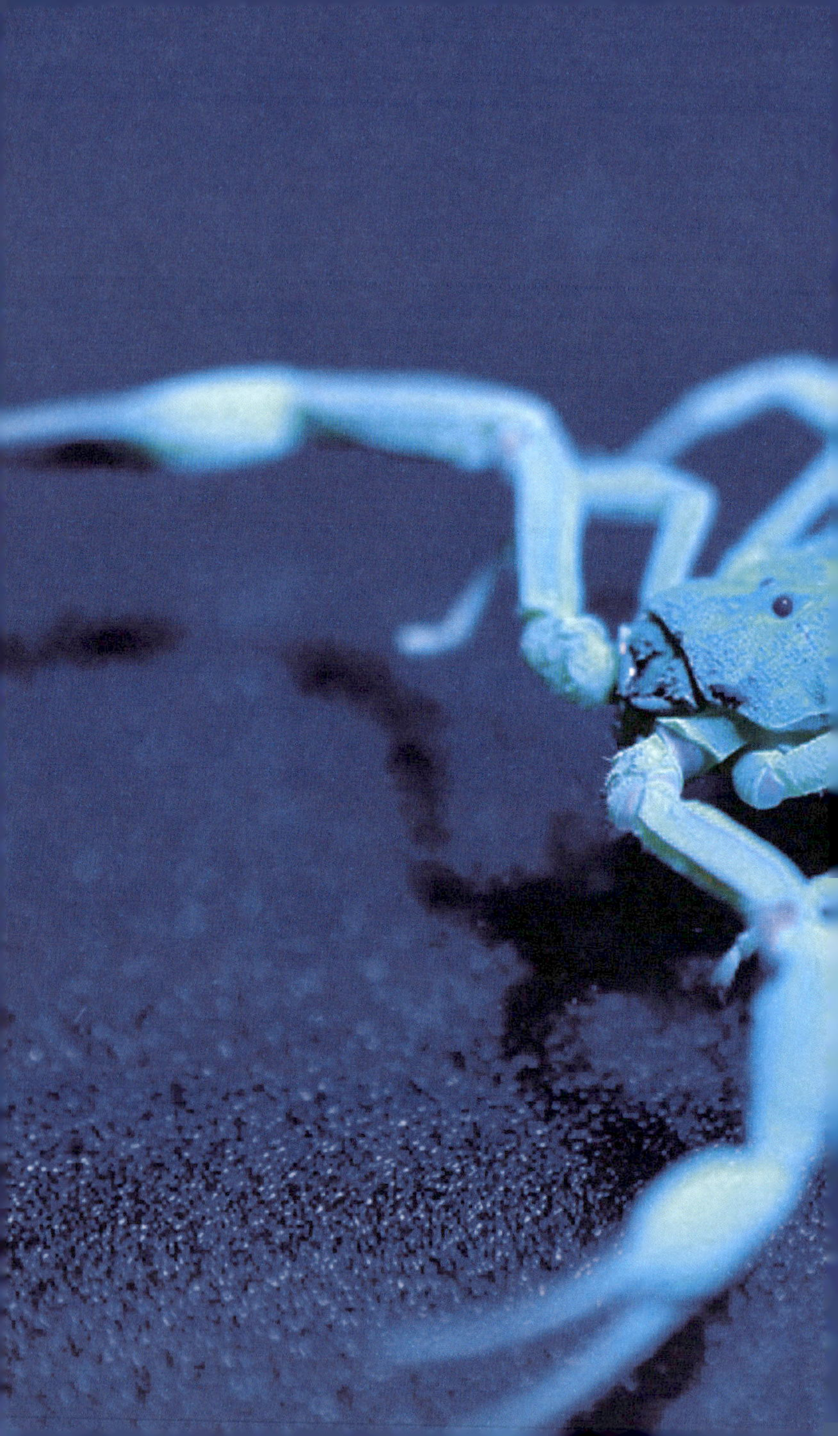

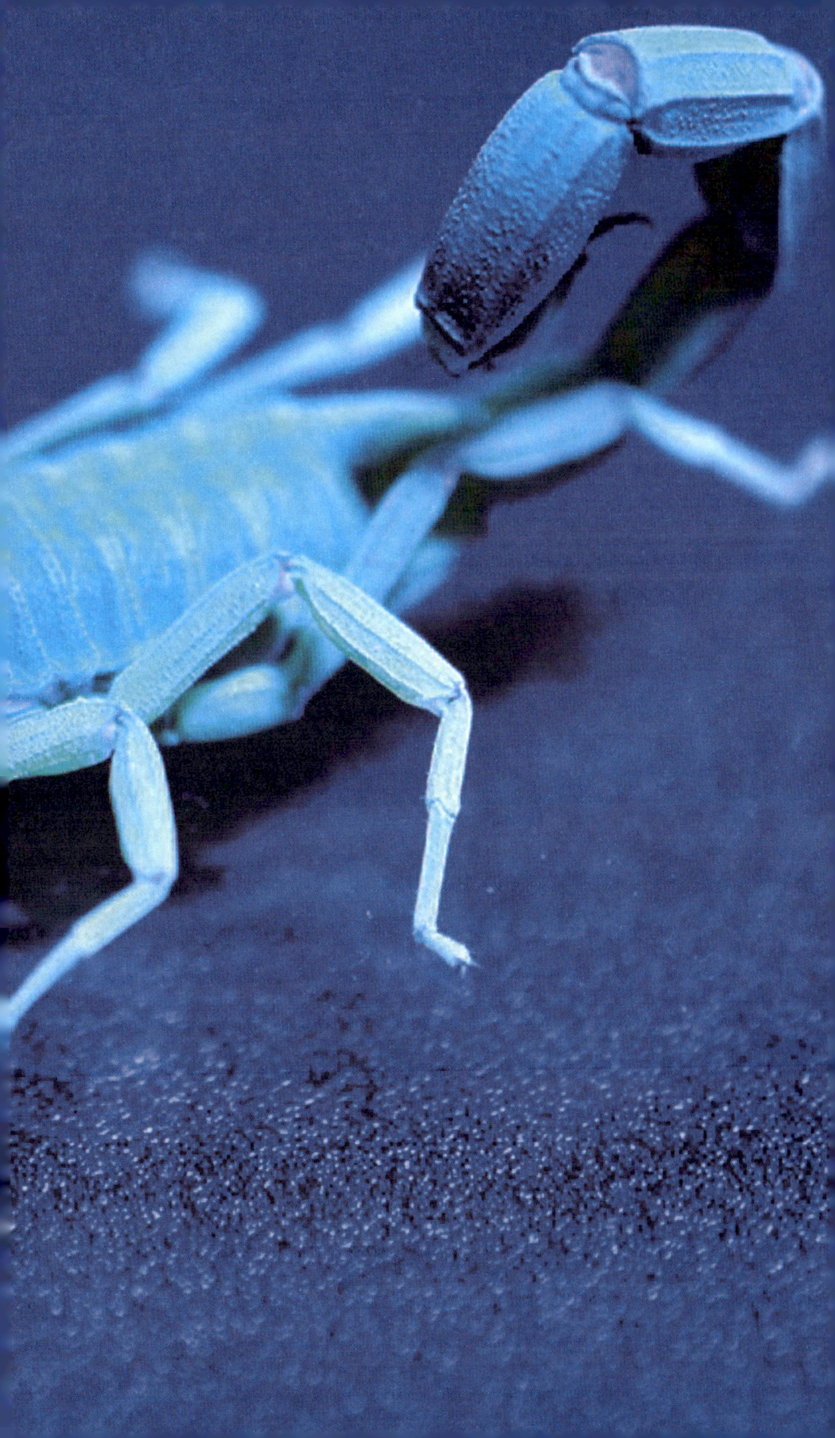

Martin Avila

Doomestics

Deel van het project / Part of the project Symbiotic Tactics, 2013–2016

In Argentinië wordt steeds vaker bericht over mensen die om het leven komen door schorpioenen die langs rioleringen en afvoerleidingen de badkamer binnendringen. In het kader van zijn onderzoeksproject zocht Martin Avila een antwoord op de vraag welke samenlevingsmogelijkheden er bestaan tussen de mens en dieren die worden beschouwd als ongewenst en zelfs gevaarlijk. Hoe kunnen mensen hun afkeer en angst overwinnen en een band ontwikkelen met schorpioenen en kakkerlakken? Het project laat zien welke rol objecten kunnen spelen in onze verhouding met dieren, en op welke manier ze deze wezens zichtbaar maken en integreren in het dagelijkse stadsbeeld. In een soort cartografie kan men het werkproces van Martin Avila in de tentoonstelling volgen.

In Argentina, there are growing reports in the media of people being killed by scorpions entering bathrooms through sewers

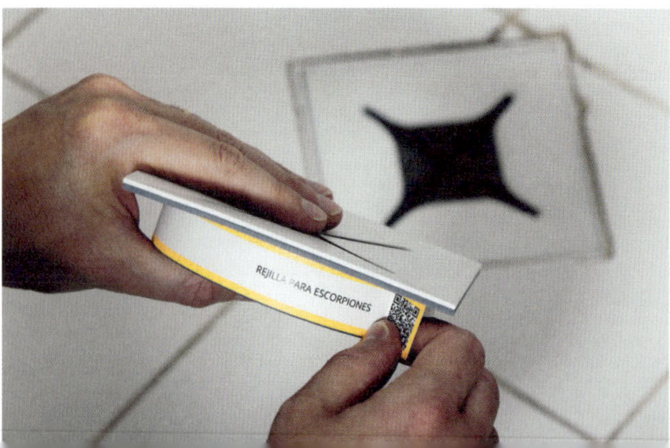

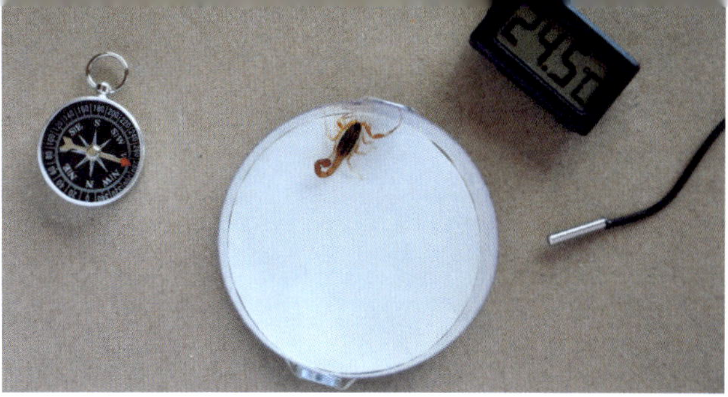

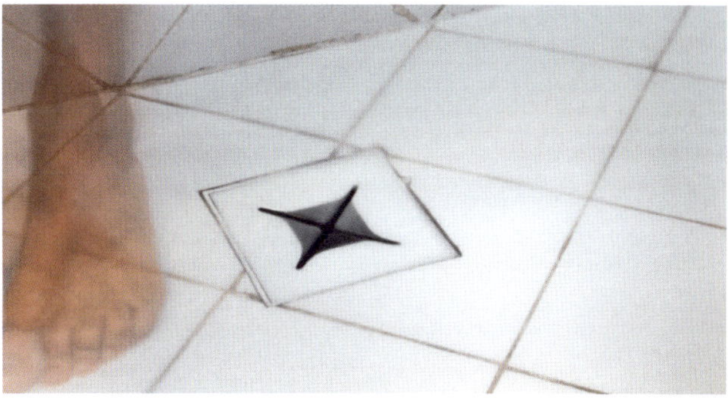

and drains. During his research project, Martin Avila explored the possibilities of humans living alongside animals which are perceived as undesirable or even dangerous. How can people overcome their revulsion and fear, and connect with scorpions or cockroaches? The project shows the role which artefacts can play in our relationship with animals, including how they make these creatures visible and integrate them into everyday urban life.
The way in which Martin Avila works can be seen in the exhibition thanks to the use of a type of cartography.

Mixed Media en 3D-geprinte ABS
Mixed Media and 3D printed ABS
Verschillende afmetingen / Various dimensions

Hoofdstuk 2

Chapter 2

Grondstoffen 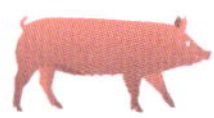 +

Resources +

Alternatieven 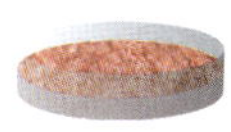

Substitutes

Interactie tussen mens en dier reikt veel verder dan het gebruik van dieren als gezelschap voor de mens. Sinds mensenheugenis werden dieren ingezet als werktuigen en bron van voedings- en grondstoffen. Pels en wol bieden beschutting tegen kou; huiden worden verwerkt tot woningen of meubilair; gewei, hoorn en tanden worden gekoesterd als jachttrofeeën en dierlijke gifstoffen of beenderen werden gebruikt voor het maken van medicijnen. Dierlijke producten worden gebruikt in praktisch alle aspecten van het leven: in tandpasta zit beendermeel, in nagellak zitten visschubben, en zelfs lcd-schermen bevatten dierlijk celmateriaal. Bovendien zijn er ook vandaag nog bepaalde producten, voornamelijk in de cosmetische en geneeskundige sector, die niet op de markt kunnen worden gebracht zonder eerst op dieren te worden getest. Heel onze cultuur en onze consumptiemaatschappij zijn doordrongen van grondstoffen van dierlijke oorsprong en zijn afhankelijk van dieren als gebruiks-/verbruiksmateriaal.

Dat dieren voor de mens blijkbaar onmisbaar zijn als werktuig en bron van grondstoffen zorgt in onze industriële maatschappij steeds meer voor controverse op ethisch, ecologisch en economisch vlak. Een steeds groeiende wereldbevolking, slinkende natuurlijke rijkdommen, voedselschaarste door milieurampen en klimaatverandering en ethische vraagstukken over dierenwelzijn dwingen de mens tot het zoeken naar alternatieven. Zo worden in de voedingsindustrie bijvoorbeeld vleesproducten vervangen door vegetarische en veganistische alternatieven, of zelfs door insecten. Om te voorkomen dat mensen een afkeer zouden krijgen van dergelijke producten worden ze gepresenteerd op een vertrouwde manier, of worden ze net in een compleet nieuwe vorm gegoten. In de kledingindustrie is ‘leder’ uit gist een alternatief voor dierenhuiden.
Maar het gaat nog veel verder dan dat: zijderupsen worden gebruikt als werkdieren voor het vervaardigen van chirurgische draad. Wetenschappers onderzoeken momenteel hoe materiaal van dierlijke oorsprong kan worden gemanipuleerd en geoptimaliseerd voor

menselijke doeleinden. In de transplantatiegeneeskunde bijvoorbeeld zijn dieren als orgaandonoren niet langer toekomstmuziek. Menselijke organen worden ook gekweekt in genetisch gemanipuleerde dieren, waardoor hybride wezens ontstaan die deels beschikken over genetisch materiaal van de mens.

Anderzijds is de productie van dierlijke grondstoffen niet langer gebonden aan het gebruik van dieren zelf. Het zogenaamde invitrovlees wordt gekweekt in laboratoria door middel van celcultuur en kan dierlijk vlees bijna volledig vervangen. Wat zijn de gevolgen hiervan voor mens en dier? Zullen 'echte' dieren volledig uitsterven of enkel nog in dierentuinen te vinden zijn? Zullen we in de toekomst nog het onderscheid kunnen maken tussen 'echte' dieren en door de mens ontworpen wezens?

Human-animal interaction goes far beyond animals as human companions. Since time immemorial animals have also served humans as tools and resources. Furs and wool provide warmth, skins are made into dwellings or furniture, antlers, horns and teeth are collected as hunting trophies, and medicines are made from animal poisons or bones. Animal products are used in practically all areas of life, be it as bone meal in toothpaste, fish scales in nail polish or even animal cell material in LCD screens. Furthermore, even today there are a number of products, primarily in the cosmetics industry and medicine, that still cannot get by without animal testing. Our entire culture and world of commodities are permeated with animal-based raw materials and dependent on animals as a material.

The fact that animals are seemingly indispensable to humans as tools and resources as well is increasingly causing difficulty for industrial civilization in ethical, ecological and economic terms. A continually growing global population, dwindling natural resources and food scarcity, owing to factors such as environmental disasters and climate change, as well as ethical questions in animal welfare, are forcing humans to search for alternatives. By way of example, in the food industry meat products are being replaced by vegetarian and vegan ones or even by foods such as insects. To prevent even an inkling of feelings like disgust, ideal newly created foods are presented in old established or indeed entirely new forms. The clothing industry, for example, is starting to use leather cultivated from yeast as an alternative to animal skins. But it goes far beyond that: silkworms are being used as work animals to produce surgical thread. Scientists are researching how to modify animal-based material and optimize it for humans and their ends. In transplant medicine, for instance, using animals as organ donors is no longer a vision of the future. Human organs are also being grown in genetically modified animals, giving rise to hybrid creatures – animals with in-part human genetic material.

That said, animals themselves are no longer vital to the production of animal-based raw materials. So-called in vitro meat is being grown in labs by means of cell cultivation, replacing them more or less entirely. What consequences does this have for animals and humans? Will *real* animals die out completely, or only be found in zoos? Will we even be able to differentiate between *real* animals and designed creatures in future?

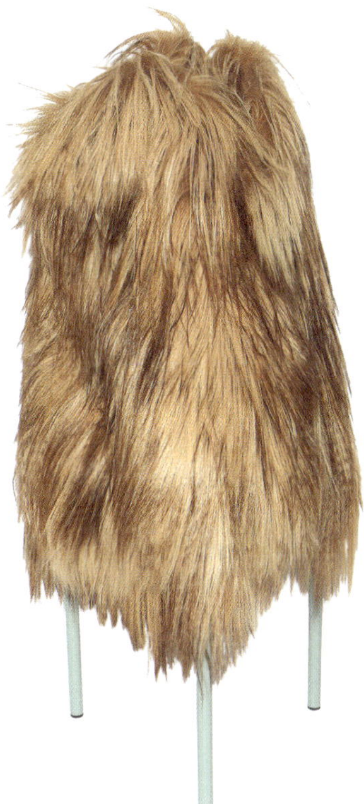

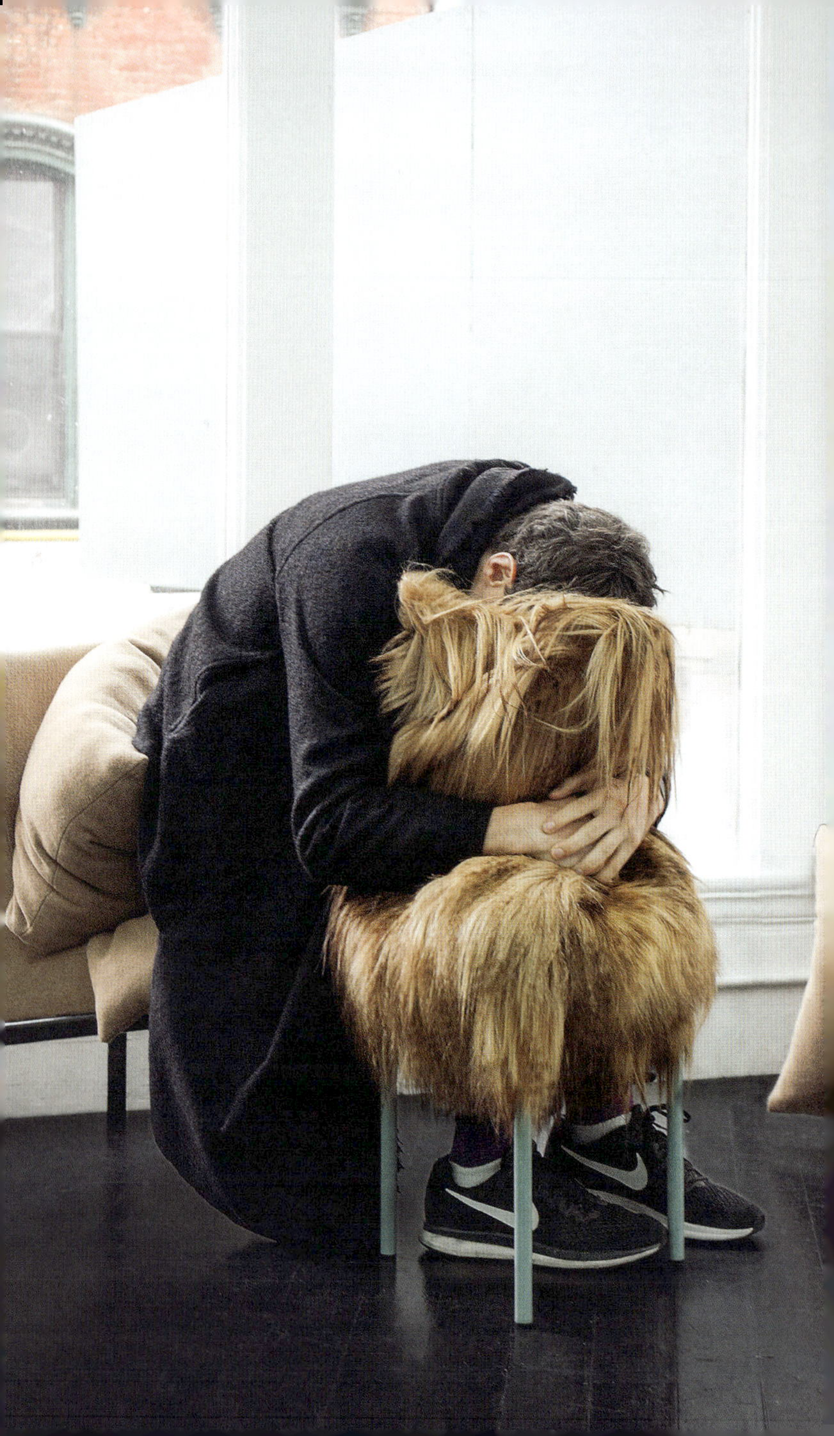

N°60 Chairwear B

Persian Lamb Terracotta; Cream Colour Fox; Blond Goat, 2017

Zoals de titel reeds aangeeft is *Chairwear* een groep 'aangeklede' stoelen. Wie erop gaat zitten wordt omhuld door zachte, warme dierenhuiden die over een metalen skelet zijn gedrapeerd. Door de vele variaties krijgt elke afzonderlijke stoel als het ware een eigen ziel. De huiden, die op vier poten in de ruimte staan, lijken bijna te leven. Zo verwijzen ze naar het bijna routineuze en over-matige – maar door ontwerpers fel gecontesteerde – gebruik van bont in de modewereld en naar de soms erbarmelijke omstan-digheden waarin de dieren worden gekweekt.

As the title suggests, *Chairwear* is a group of *dressed* chairs. Users are wrapped in the soft, warm animal skins draped over metal *skeletons*. Thanks to the many variations, each of the chairs has its own unique soul. Standing on four legs, the skins seem almost alive. They remind us of the routine, excessive use of fur in the fashion industry (a subject of fierce controversy among designers) and the sometimes appalling conditions in which the animals pro-viding fur are bred.

Metaal, hout, bont
Metal, wood, fur
elk / each 40 × 60 × 40 cm

Dietrich Luft

Purrrr

2015

Het object *Purrrr* kan dienen als vervanging van een huisdier en de positieve effecten die het heeft op zijn baasje. Het elektrische vest, vervaardigd uit vals bont, spint en vibreert in dezelfde frequentie als een kat en is zo een kunstmatig alternatief voor een huisdier. De gebruiker hoeft zich geen zorgen te maken over allergieën, verzorging of voeding, en kan toch genieten van een spinnend geluid met een weldoende werking op lichaam en geest. Het is wetenschappelijk bewezen dat het spinnen van een kat een bloeddrukverlagend effect heeft, de spieren helpt te ontspannen en endorfine vrijmaakt in de hersenen. Tegelijk werpt dit bontvest vragen op zoals: zal het in de toekomst in toenemende mate mogelijk zijn om sociale metgezellen te vervangen door bijvoorbeeld robots, en wat zouden de positieve en negatieve gevolgen hiervan kunnen zijn?

The object *Purrrr* can make up for a pet and its positive effects on the owner. The electric vest made of fake fur purrs and vibrates at the frequencies of a cat and as such is an artificial replacement for a pet. Allergies, care and feeding are no issue whatsoever, but users can still enjoy the purring, which has a beneficial effect on the human body and psyche. Purring has been scientifically proven to lower blood pressure, relax muscles and cause endorphins to be released. At the same time the fur vest poses questions as to whether social companions could in future increasingly be replaced by robots, for instance, and the positives and negatives of this.

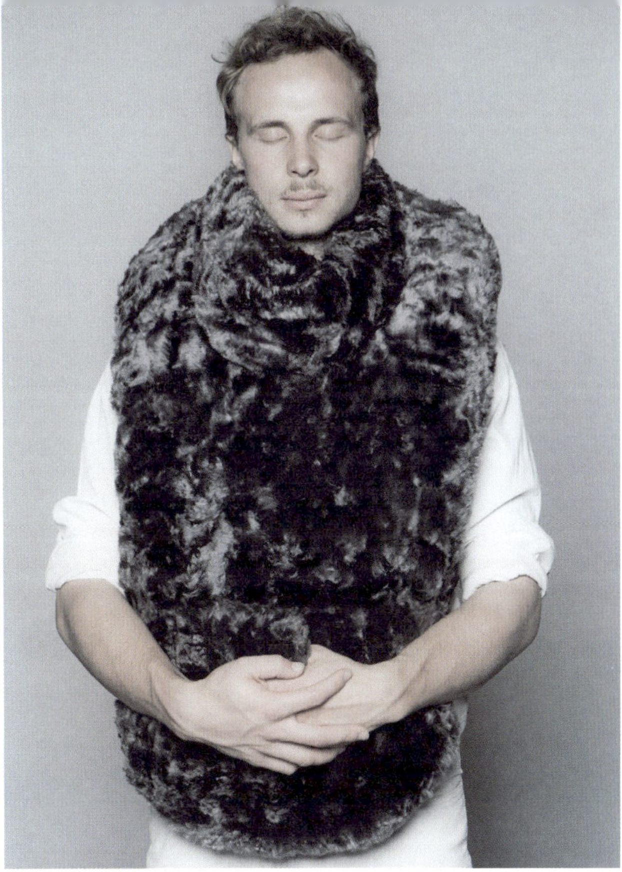

Kunstbont, microcontroller, geluid / Fake fur, microcontroller system, sound
90 × 45 × 8 cm
Programmeur / Programmer: Sebastian Löser

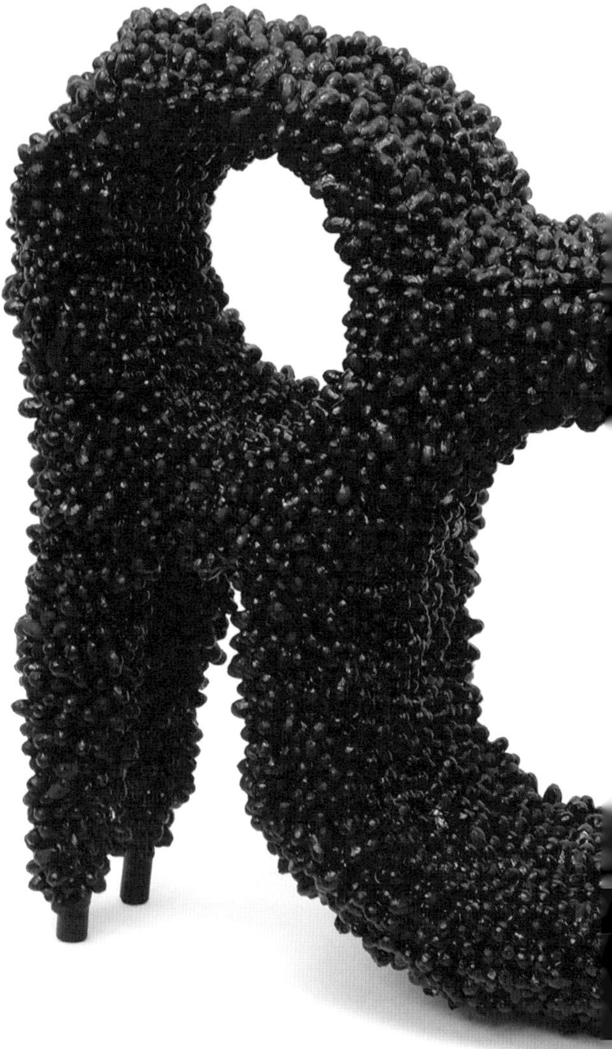

Marlène Huissoud

Cocoon Cabinet #4

2017

De Franse designer Marlène Huissoud zoekt nieuwe manieren om de cocons van zijderupsen te gebruiken, zonder de rups – die voor de zijdeproductie levend in de cocon wordt gekookt – te doden. In de zijde-industrie worden de meeste Bombyx mori gedood om het zijden garen van de nog intacte cocon te kunnen afwikkelen. Maar wat als we de rups een vlinder zouden laten worden? Hoe kunnen we dit materiaal anders gebruiken, met aandacht voor de metamorfose van de insecten? De *Cocoon Cabinet* serie is gemaakt door het samenbrengen van duizenden cocons van zijde-rupsen in combinatie met propolis van bijen, dat als natuurlijke lijm alles verbindt. Met dit onderzoek focust de designer op het gebruik van de bijproducten van insecten, als waardevolle en bio-afbreekbare materialen.

French designer Marlène Huissoud is looking at new ways of using silkworms' cocoons without killing the worm generally killed in the silk production. Within the silk industry most of the Bombyx Mori are killed in order to extract the silk from the cocoon, but what if we let the worm become a butterfly? How can we use this material differently and celebrate the metamorphosis of the insects? The *Cocoon Cabinet* series has been made by an accumulation of thousands of silkworm's cocoons in combination with honeybee propolis resin, which acts as a natural glue. With this work the designer expands the use of insect by-products, as precious yet biodegradable substances.

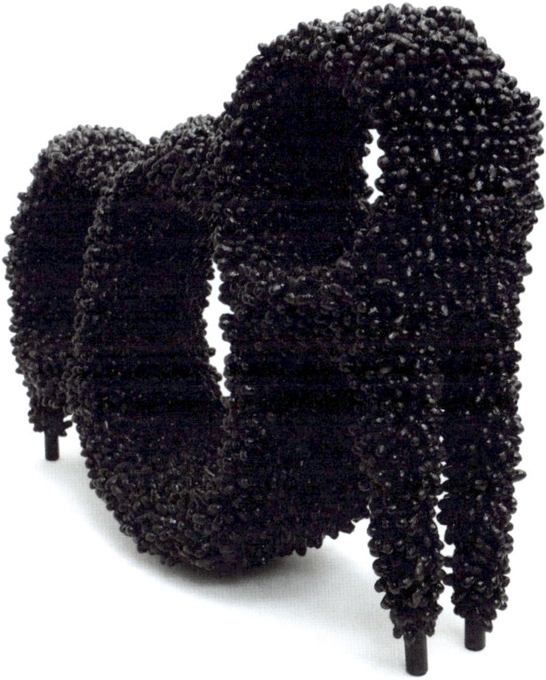

Cocons van zijderupsen, biohars honingbij
Silkworms cocoons, honeybee bio resin
140 × 100 × 64 cm

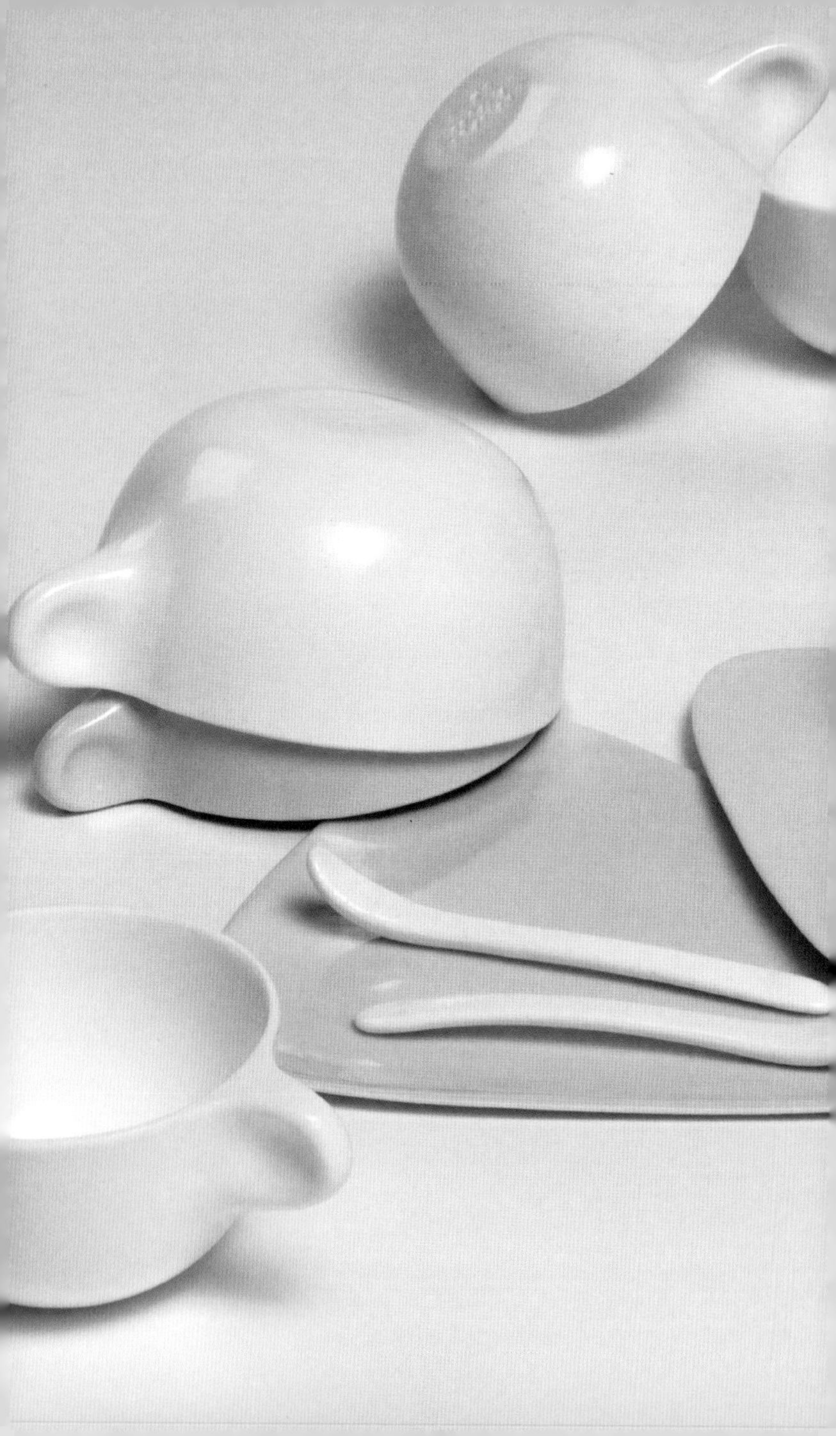

Christien Meindertsma

Luxury of the North 1

Wild bone china, 2010 – 2011

Niet alleen door de vormgeving doet dit theeservies denken aan beenderen. Het is voor 60% vervaardigd uit beenderas. De dierenskeletten die daarvoor werden gebruikt zijn gevonden in een Nederlands natuurreservaat. De bedoeling van de ontwerpster is mensen ervan bewust te maken dat natuurlijke producten ook kunnen worden gebruikt zonder het ecosysteem te schaden. Bovendien bouwt het vaatwerk een bijzonder intieme band op met het dier doordat de gebruiker, wanneer hij uit een kopje drinkt of van een bord eet, verplicht wordt een object aan te raken dat gemaakt is van dierenbot.

This tea service is evocative of bones – not just because of its shape, but because it was made from 60% bone ash using animal skeletons found at a Dutch nature reserve. The designer's aim is to create awareness of how natural products can be used without damaging the ecosystem. In addition, the crockery also forges a close bond with the animal by causing users to touch items made out of animal bones when they drink from the cup and eat from the plate.

Porselein (60% beenderas) / China (60% bone ash)
Verschillende afmetingen / Various dimensions
Collection Centraal Museum, Utrecht

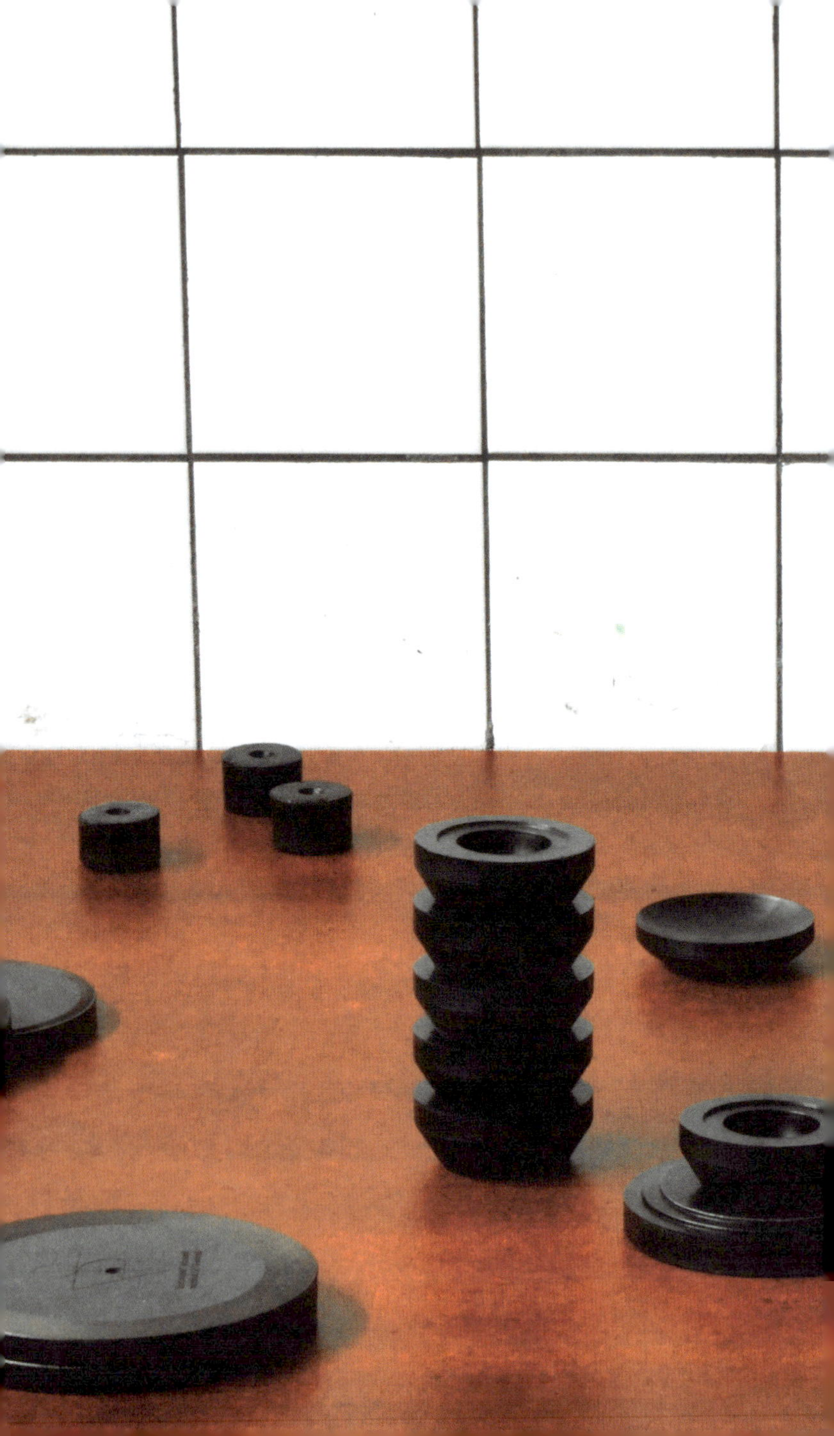

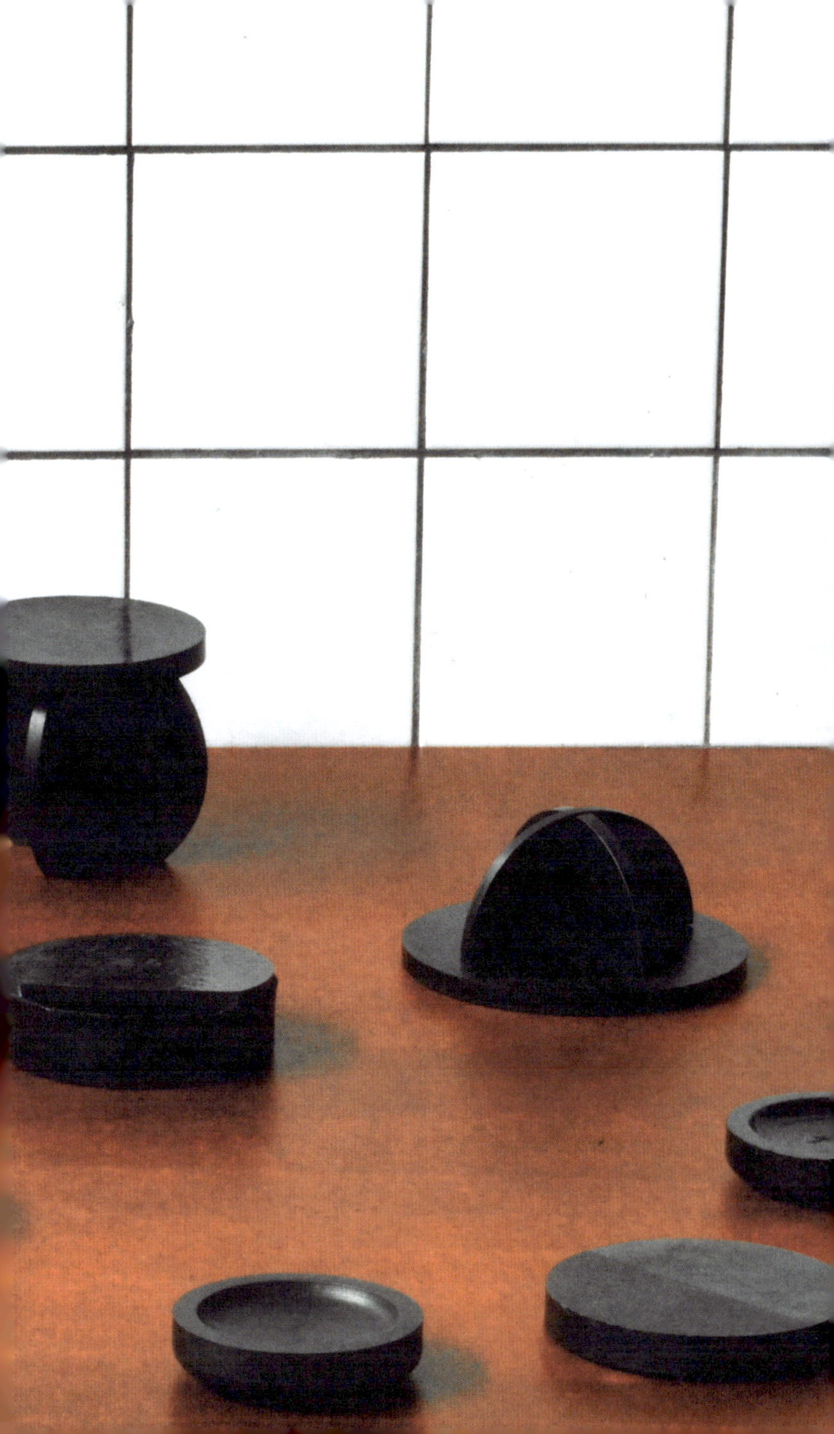

Basse Stittgen

Blood Related

2017 – nu / ongoing

Blood Related is een collectie ravenzwarte voorwerpen, integraal gemaakt van bloed afkomstig uit het overvloedige afval van de vleesindustrie. Designer Basse Stittgen maakt deze ontwerpen door bloed te drogen tot een poeder dat vervolgens wordt verhit en samengeperst. Het poeder krijgt een vaste vorm door albumine, een kleverig eiwit dat al in het bloed aanwezig is. De verzameling objecten omvat ook een plaat met een opname van de hartslag van een koe. Het werk breekt met het taboe op het gebruik van overgebleven bloed als biomateriaal, en vraagt tegelijkertijd aandacht voor de vloedgolf van industrieel afval die het moderne leven voortbrengt.

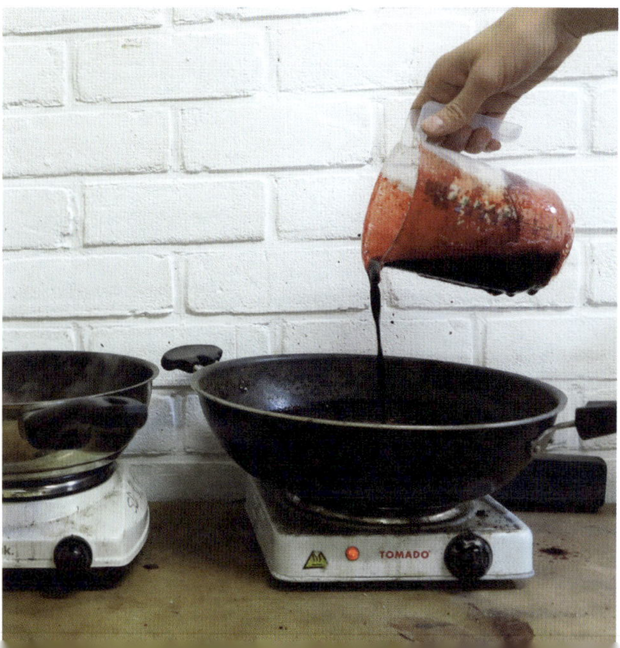

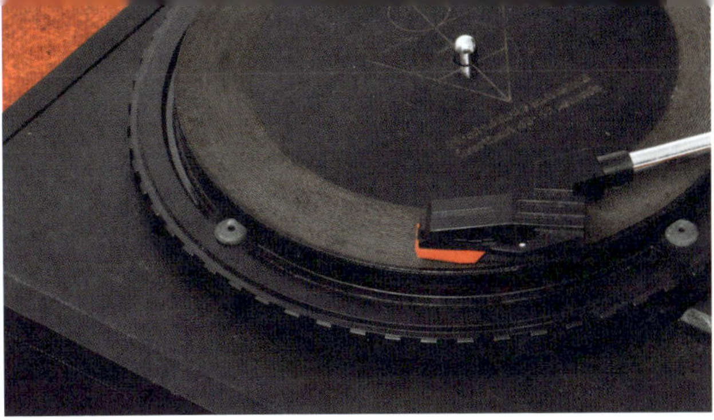

Blood Related is a collection of raven black objects that have been made entirely from animal blood, gathered from the abundant waste generated by the meat industry. Designer Basse Stittgen created these objects by drying blood until it becomes a powder, which is then heated and pressed until the glue-like albumin protein, already present in blood, binds it into a solid form. The object collection includes also a record that plays a recording of a cow's heartbeat. The works challenge the stigma around using a substance like leftover blood as a biomaterial while also raising awareness of the torrents of industrial waste created by our modern lives.

100% koeienbloed slachtafval / 100% discarded cow blood
Diverse afmetingen / Various dimensions

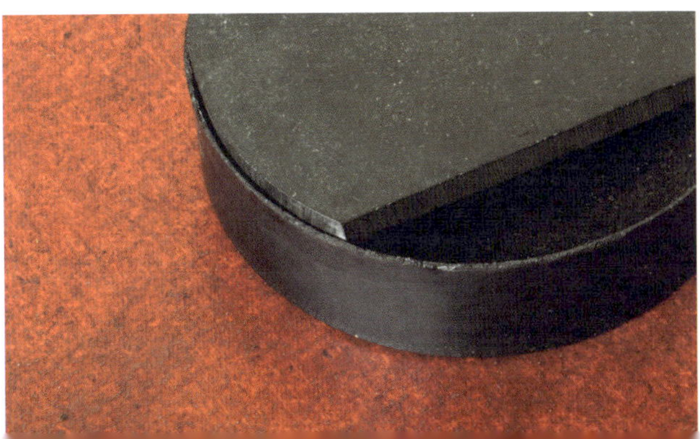

Lisa Ma

Invasive

2013 – 2014

Wat als we invasieve soorten (planten en dieren) zouden bekijken als natuurlijke rijkdommen in plaats van als overlast? Lisa Ma werd uitgenodigd door het Gentse Timelab om onderzoek te doen naar invasieve exoten in Gent. Ze creëerde een gemeenschap met werknemers van het stadhuis, wetenschappers, koks, milieudeskundigen, stedenbouwkundigen en Atelier De Stad (Canvas) om de tegenstrijdige waarden te onderzoeken die spelen bij het doden van dieren voor het leefmilieu en het doden van dieren als voedsel. Om dit debat op de voorgrond te brengen, stelt ze voor om invasieve dieren, zoals invasieve ganzen, op te eten in plaats van ze te vergiftigen om de aantallen te controleren. In een stad waar diervriendelijkheid hoog staat aangeschreven, is het plaatsen van ganzen op tafel een manier om mentaliteitswijzigingen en veranderende waardes te onderzoeken.

What if we would look at invasive species as a resource instead of a nuisance? Lisa Ma was invited by Timelab to do research in Ghent and created a community with the mayoral office, scientists,

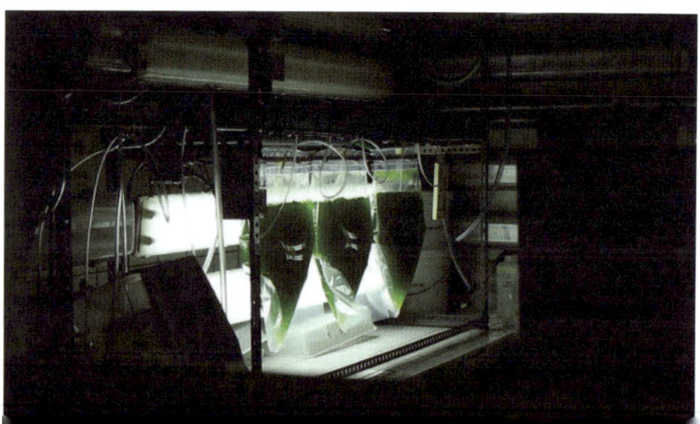

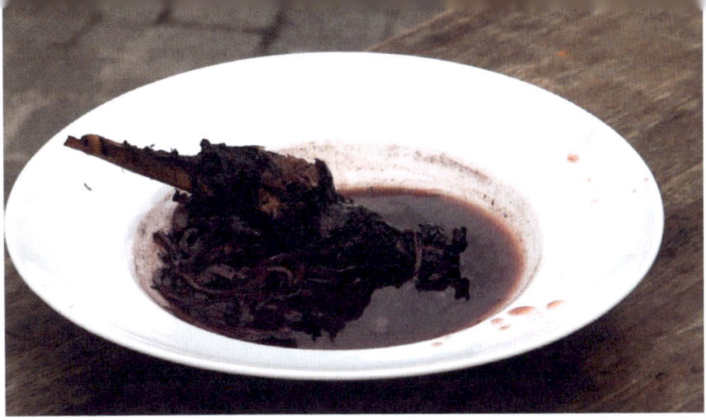

chefs, ecologists, urban planners and the Belgian National Station Canvas TV (Atelier De Stad) to explore the clash of values between the killing of animals for our environment and the killing of animals for our foods. To bring this debate to surface, she proposed that we consume invasive species, like invasive geese, to control, rather than leaving the responsibility to governments that poison. In a town that takes pride in the values of animal-friendliness, putting the goose on the table is a tool to explore a shift in our believes and values.

Video 6:02 min

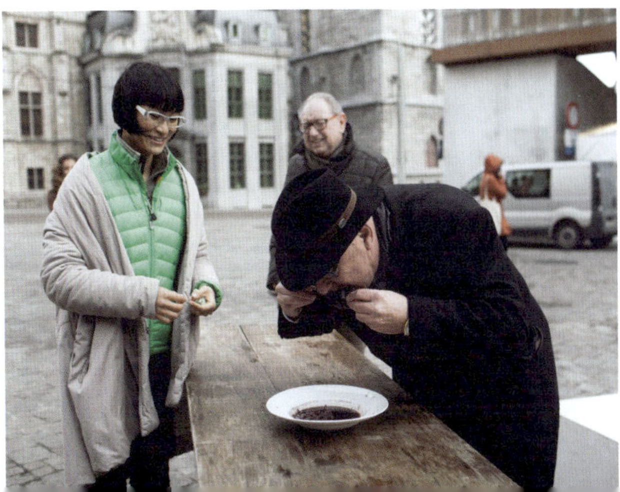

Christien Meindertsma

PIG 05049

2006

In dit boek heeft Christien Meindertsma de verschillende producten verzameld en gedocumenteerd die gemaakt worden uit het varken. Vandaag de dag bestaat het gamma aan producten van dierlijke oorsprong niet alleen uit verschillende voedingsmiddelen, maar ook uit cosmetica, printplaten voor computers, munitie en zelfs porselein.

In this book, Christien Meindertsma has documented the many different products made from pigs. The items produced from animal material in today's industrial sector range from various foods and cosmetics to computer circuit boards, ammunition and even Chinese porcelain.

Boek / Book
14 × 19,6 cm
416 Pagina's / Pages

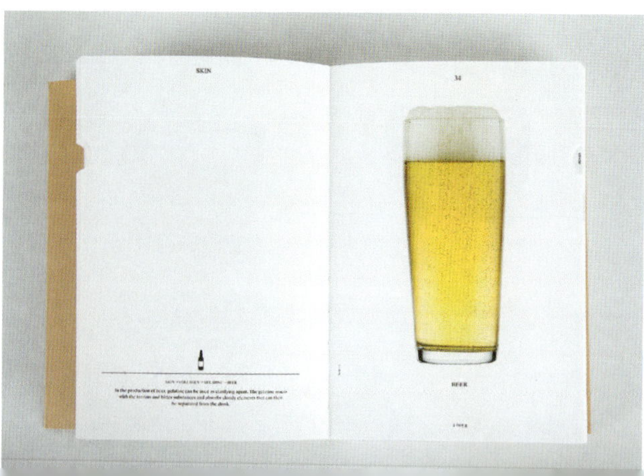

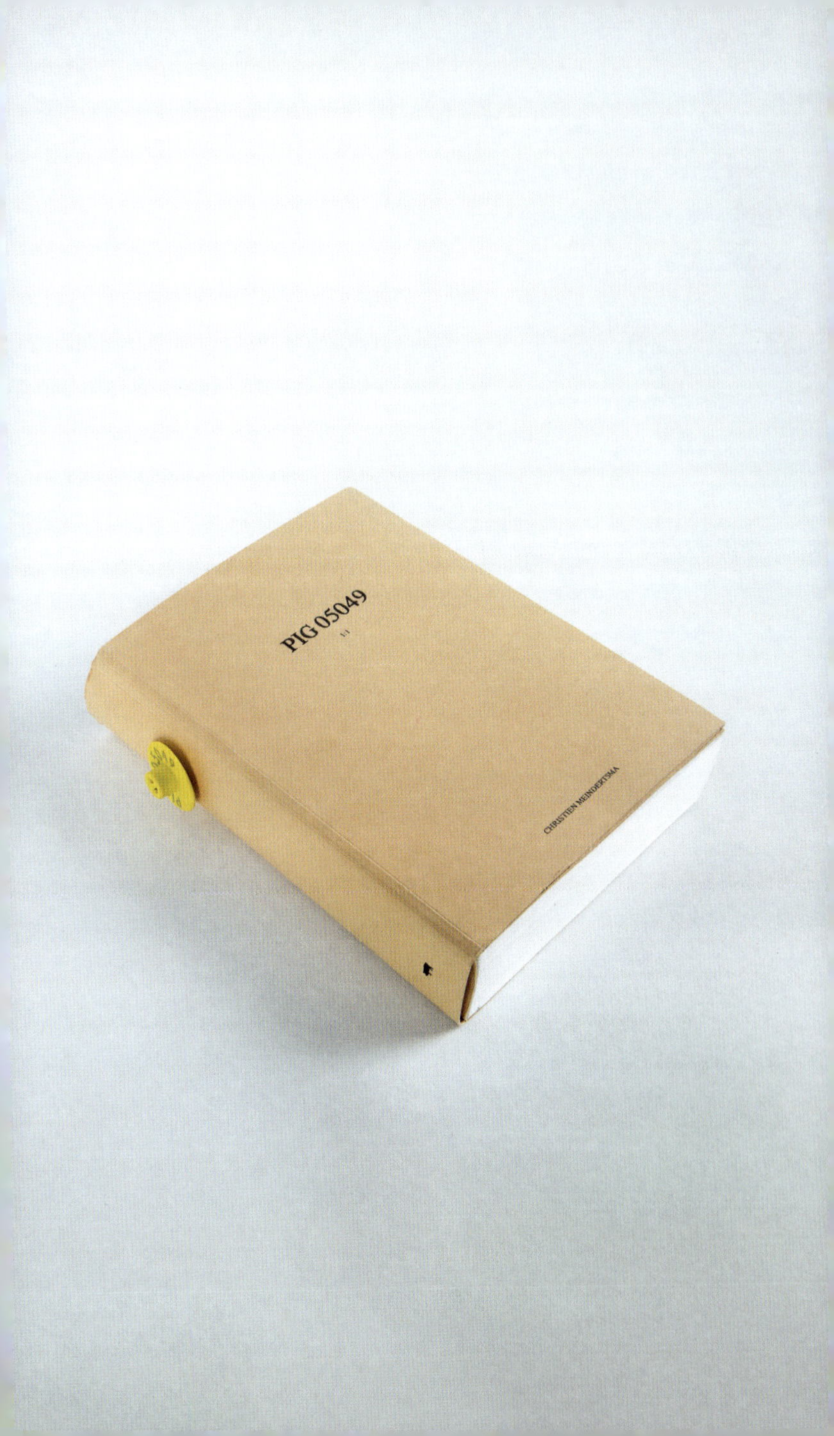
PIG 05049
CHRISTIEN MEINDERTSMA

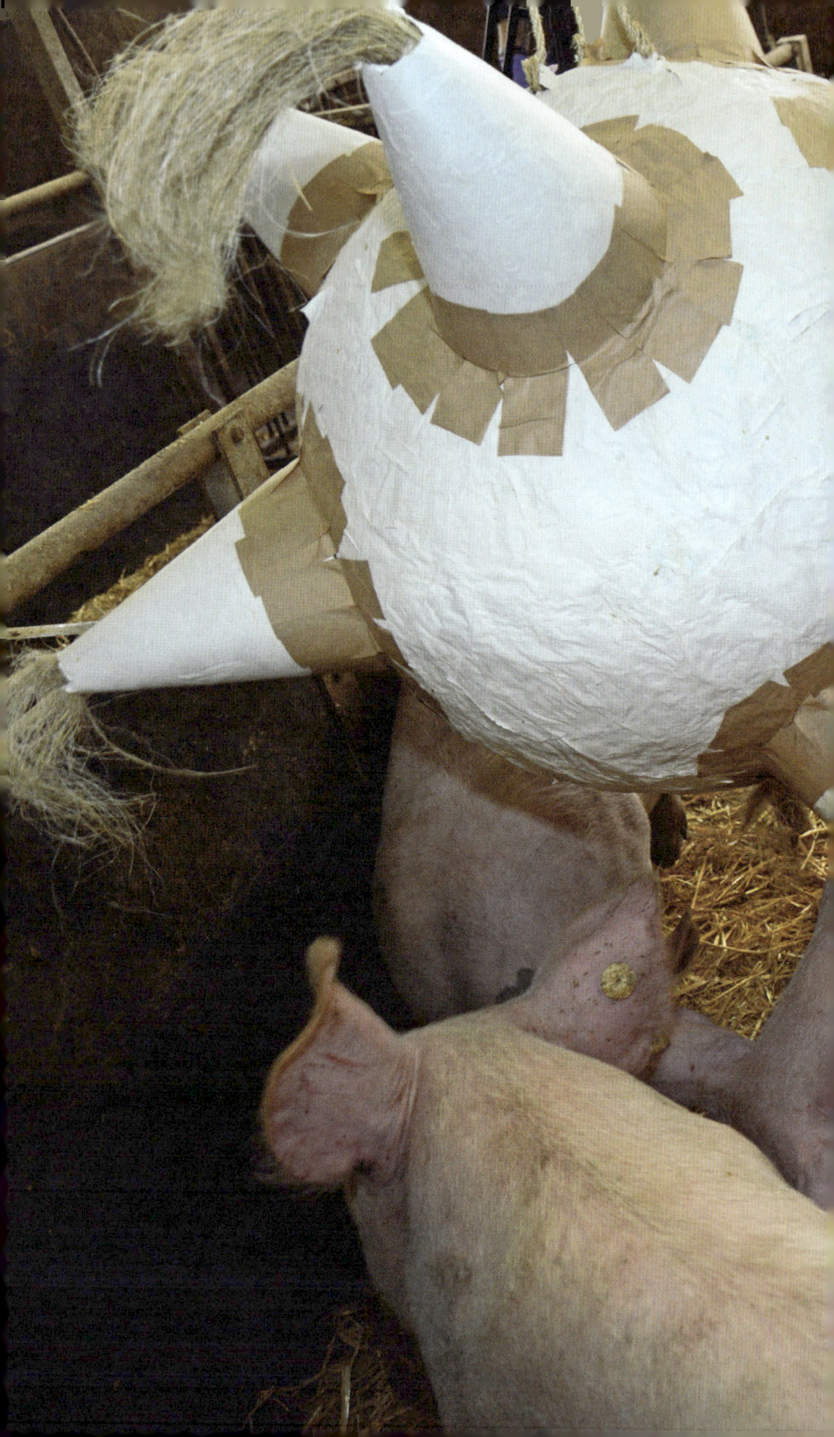

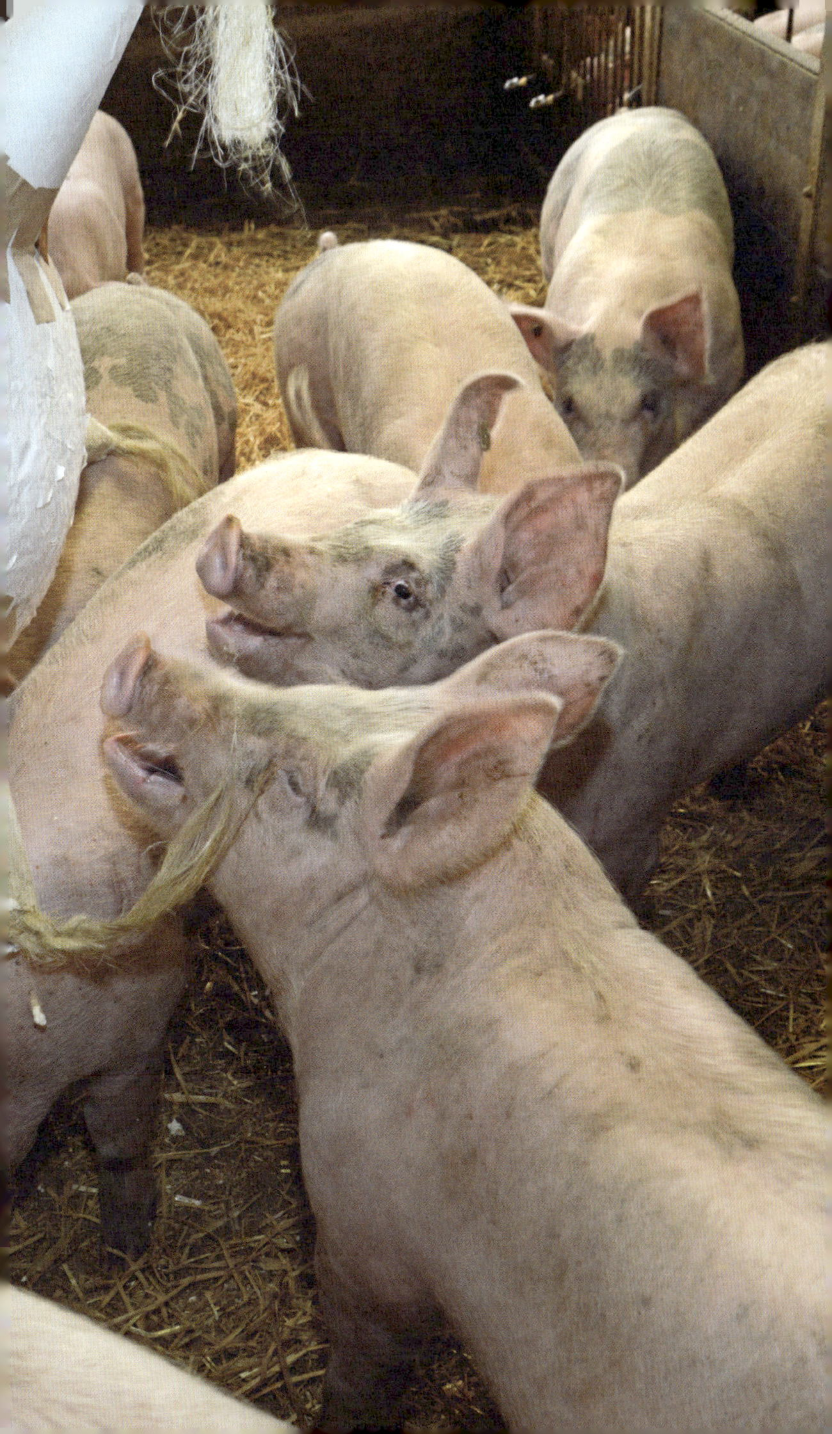

Andrea Roe & Cath Keay

Carnevale

2017

Voor *Carnevale: Objects Designed for Pigs* ontwikkelden kunstenaars Andrea Roe en Cath Keay speelobjecten en interactieve ervaringen voor varkens om te onderzoeken hoe we de kwaliteit van het leven van de dieren die we eten kunnen verbeteren. Acht sculpturale speeltuigen stimuleren de zintuigen en de nieuwsgierigheid van de varkens, waaronder een popcorn piñata, watermeloencreaties, een ton met appels en aromatische objecten zoals dennenappels en een constructie met hangende borstels waaraan de rug kan worden gekrabd. Het werk werd gevoed door wetenschappelijke studies over het vergroten van het welzijn van boerderijdieren. Dit resulteerde in een reeks objecten die eenvoudig zelf te maken zijn door landbouwers, en aangepast zijn aan individuele voorkeuren van de varkens, als een vorm van open ontwerpproces.

In *Carnevale: Objects Designed for Pigs*, artists Andrea Roe and Cath Keay collaborated to design play objects and interactive

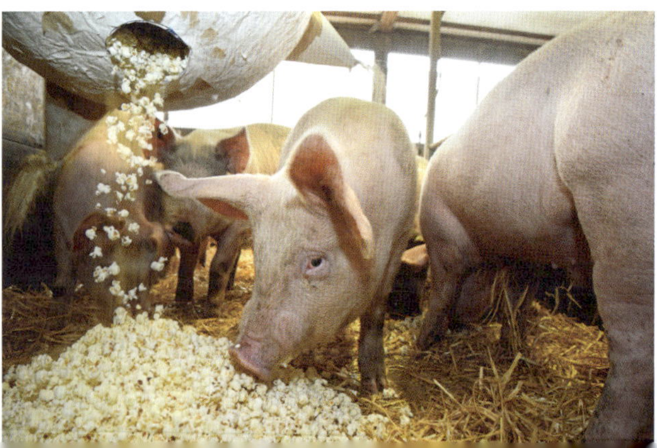

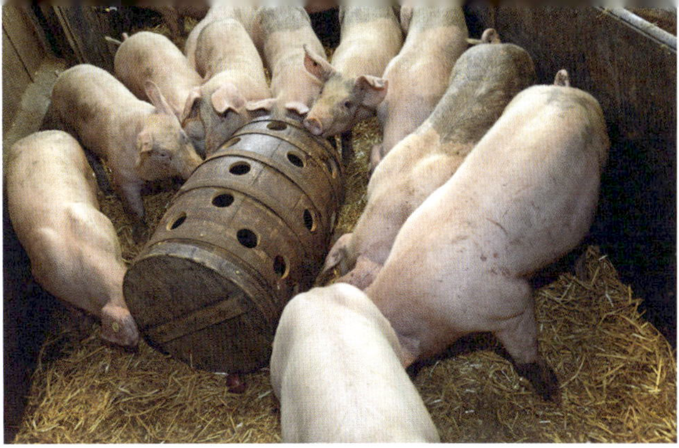

experiences for pigs to investigate how to improve the quality of life of the animals that we eat. Eight sculptural toys stimulate the pigs' senses and curiosity, including a popcorn piñata, melon landmines, an apple barrel of aromatic objects like pine cones, and hanging sweeps that scratch their backs. The work was inspired by research into what encourages positive behaviour among farm animals. This resulted in objects that can be easily replicated by farmers and adjusted to individual preferences of the pigs, as a form of open design process.

Foto's / Photos

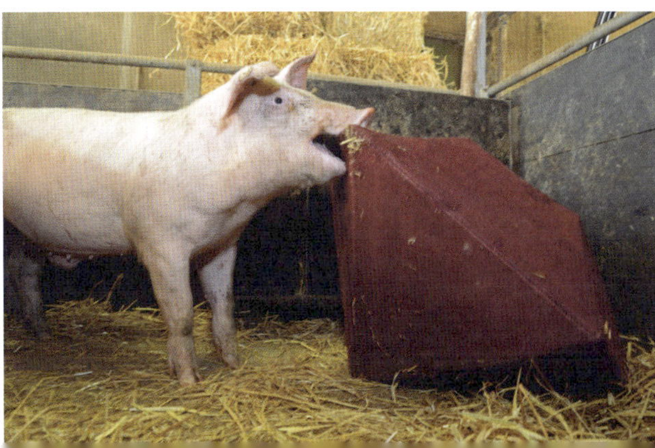

Theo Deutinger

Handbook of Tyranny

2018

Het *Handbook of Tyranny* toont alledaagse wreedheden in een reeks gedetailleerde, niet-fictieve, grafische illustraties die de implementatie van wetten en reguleringen wereldwijd weergeven. Een voorbeeld is de lay-out en het ontwerp van slachthuizen, beïnvloed door het werk van 's werelds meest gerespecteerde expert in de dierkunde, Temple Grandin. Zij ontwierp gebogen trajecten met hoge wanden die voorkomen dat de dieren rondom zich kijken of zien wat er aan het einde van hun gang ligt. Dit ontwerp, samen met ononderbroken wanden, hekwerken en minder lawaai aan het eindpunt van het traject, moedigt de dieren aan in één richting vooruit te lopen, om zo hun dood meer waardigheid te geven.

Handbook of Tyranny portrays routine day-to-day cruelties through a series of detailed non-fictional graphic illustrations that detail the implementation of laws and regulations around the globe. An example can be seen in the layout and design of most slaughterhouses, which was influenced by the work of the world's most respected expert in animal science, Temple Grandin. She designed curved corrals with high walls that prevent animals from seeing what is around them or glimpsing what lies at the end of their walk. This design, along with the design elements of solid sides, a solid crowd gate, and reduced noise at the end point, works to encourage animals to move forward in the chute in an attempt to give their death more dignity.

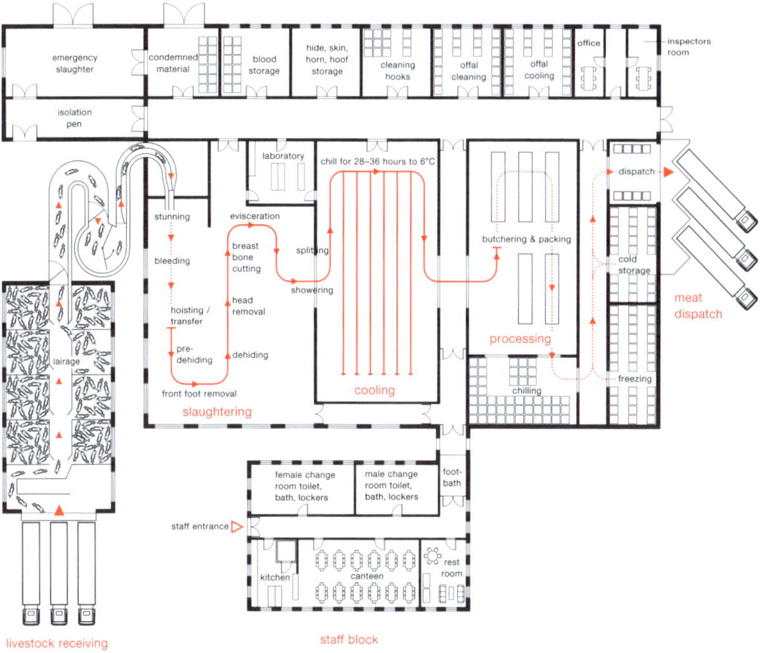

Boek / Book
21 × 29,5 cm
160 Pagina's / Pages
987 Afbeeldingen / Illustrations
Lars Müller Publishers

Karin Borghouts

Reliquiae

2009–2017

Voor de serie *Reliquiae* fotografeerde Karin Borghouts dierlijke modellen, replica's, plastinaten en afgietsels uit de collectie van de Universiteit Gent. Borghouts is gefascineerd door de vormelijke schoonheid van deze bizarre overblijfselen van dieren, omgevormd tot studieobjecten. De dieren worden geobjectiveerd tot onderzoeksmateriaal dat wetenschappelijke kennis verstrekt. Door de objecten uit hun vaste universitaire context te halen en tegen een roze, muntgroene of turquoise achtergrond te plaatsen, focust de fotograaf op hun vervreemdende aantrekkingskracht, als creaties van gepassioneerd vakmanschap en wetenschappelijk onderzoek.

Met dank aan het Gents Universiteitsmuseum

For the series *Reliquiae*, Karin Borghouts photographed animal models, replicas, casts and specimens from the Ghent University collection. Borghouts was struck by the formal beauty of these

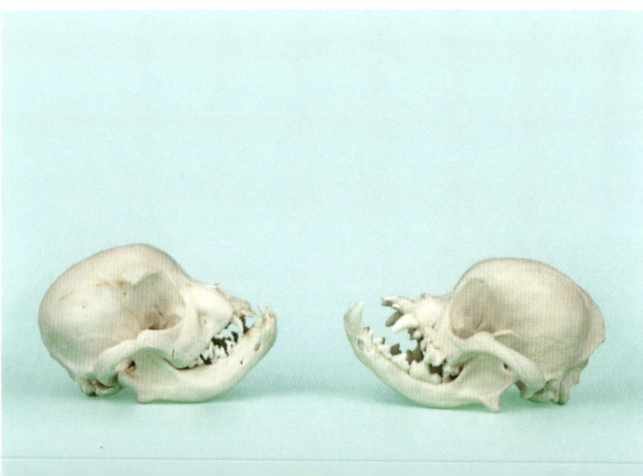

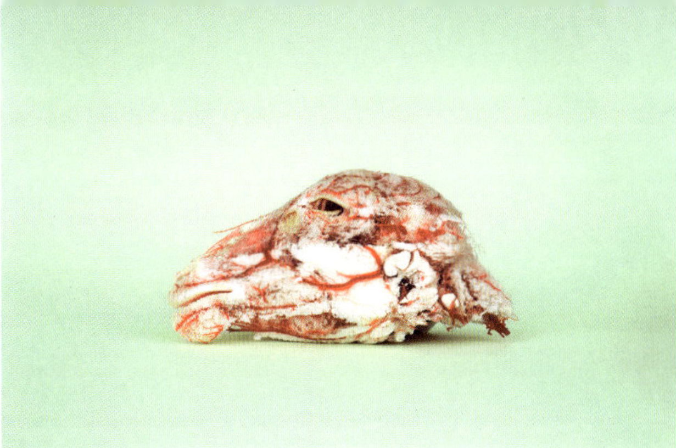

bizarre remnants of deceased animals, which are transformed in objects of study. The animals are objectified as study elements, which provide scientific knowledge. Taken out of their fixed university context and placed against pink, mint green and turquoise backgrounds, the photographer zooms in on their alienated attraction as objects of a passionated craft and scientific research. Thanks to the University Museum Ghent

Archival pigment print, Dibond
6 Foto's / Photos
elk / each 50 × 75 cm

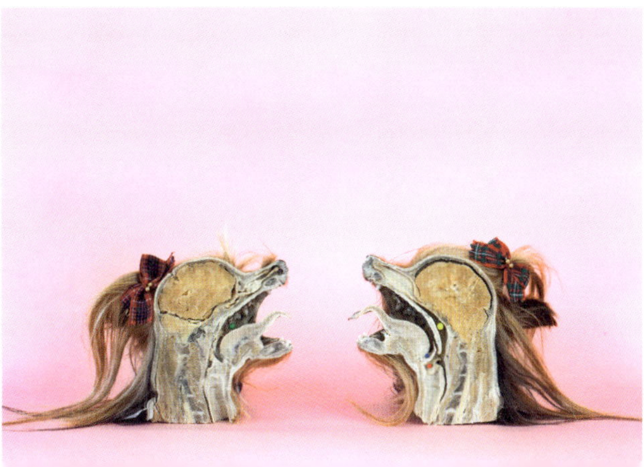

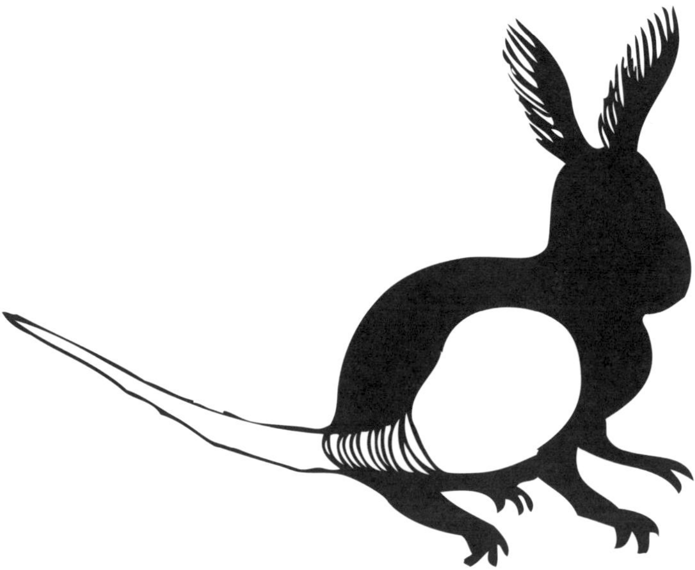

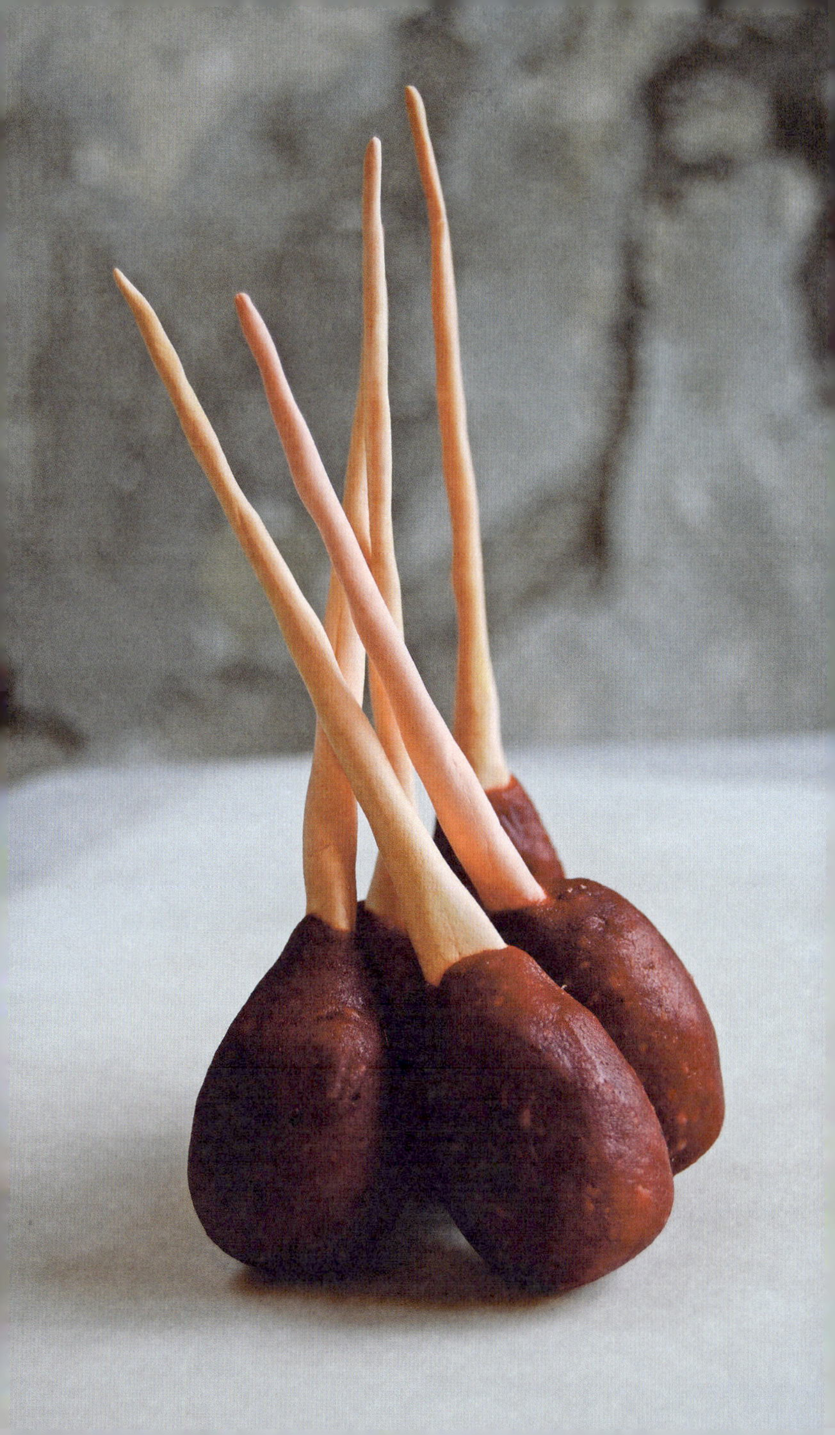

Marije Vogelzang

Faked Meat

2008

De habitat, levenswijze en voeding van een dier zijn van groot belang voor de kwaliteit en de specifieke smaak van het vlees. Dieren kweken is een wetenschap, maar tezelfdertijd onderwerp van talrijke verhalen en mythes die van invloed zijn op onze voeding. Eten is een evenement geworden. Je kan het fenomeen *food porn* miljoenen keren terugvinden op het internet. Marije Vogelzang ontwerpt met haar *Faked Meat* fantasiedieren die leven in omstandigheden die wat betreft vorm, kwaliteit en smaak ideaal zijn voor hun consumptie door de mens. Met dat verschil dat het hier gaat om sojaproducten die van nature geen specifieke vorm hebben en dus volledig naar de wensen en voorkeuren van de mens kunnen worden gekneed.

Ponti bijvoorbeeld leeft in lege vulkanische kraters en voedt zich met de as, waardoor het vlees een licht rokerige smaak krijgt. Het vaste vlees van het staartbeen, waarmee het dier tunnels graaft, is het perfecte fingerfood.

An animal's habitat, lifestyle and diet are decisive factors determining the quality and specific taste of its meat. Breeding is a science, but at the same time numerous stories and myths arise in this context that influence our diet. Eating has become an event and the phenomenon of *food porn* crops up millions of times on the internet. With her *Faked Meat*, Marije Vogelzang designs imaginary animals whose living conditions give rise to optimum conditions for their consumption, in terms of form, quality and taste. Only with the difference that these are soy products that naturally have no specific shape and as such can be created entirely as people wish.

Ponti, for instance, lives in empty volcanic craters and feeds on their ash, which lends its meat a slightly smoky flavor. Its strong tailbone, with which the animal digs tunnels, makes it the perfect finger food.

8 Marsepeinvormen, supermarktverpakkingen, poster
8 Marzipan models, supermarket packaging, poster
Verschillende afmetingen / Various dimensions

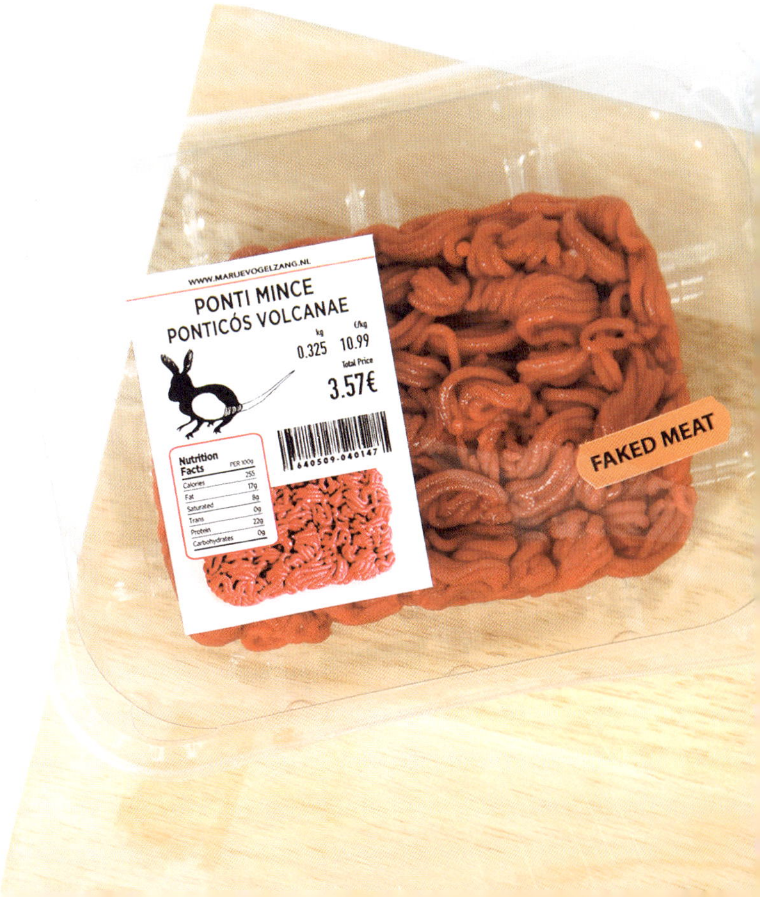

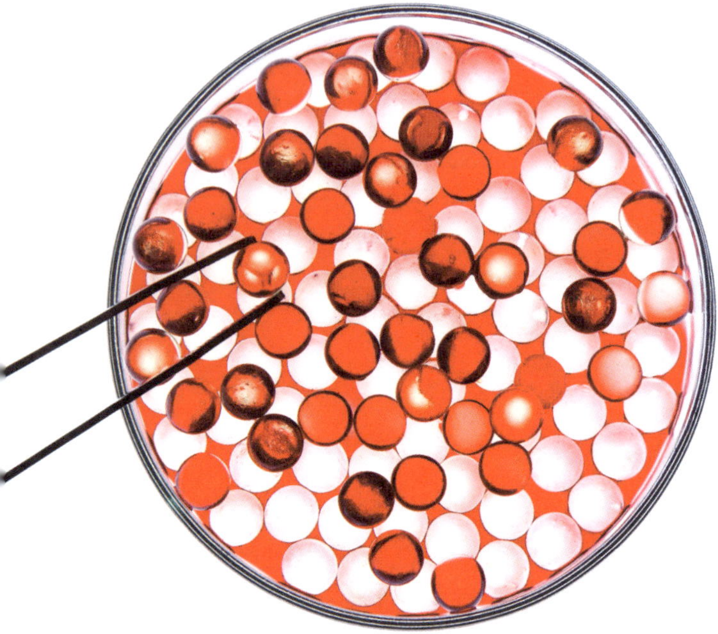

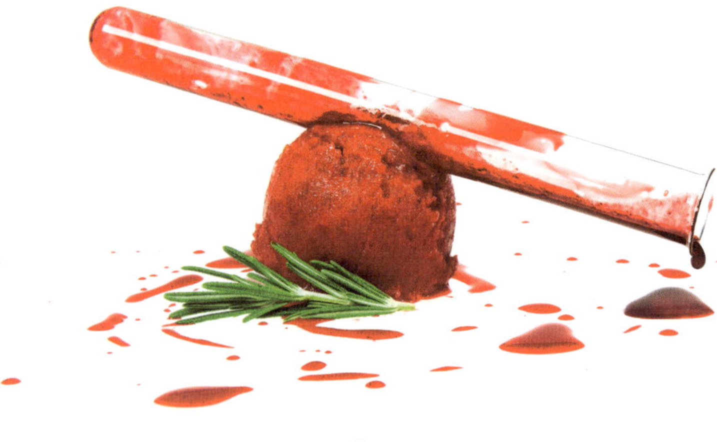

Next Nature Network

Bistro In Vitro
Meat the Future project

2014

De vijf gerechten die op de tentoonstelling worden voorgesteld door Next Nature Network hebben te maken met in-vitrovlees. Op basis van hun technologische maakbaarheid vind je in een kookboek recepten die centrale oplossingen bieden voor de problematische vleesconsumptie van de mens. Op de *Bistro In Vitro*-website kan je bovendien in het eerste restaurant voor labovlees je eigen menu samenstellen en een tafel reserveren voor het jaar 2028.

The five dishes presented by Next Nature Network in the exhibition deal with in vitro meat. In a cookbook offering central solutions to humans' problematic consumption of meat, they collect recipes rated according to their technological feasibility. On the *Bistro In Vitro* website, visitors can compile their own menu and reserve a table for 2028 in the first restaurant for laboratory-cultured meat.

Objecten, kookboek / Objects, cookbook
en / and Website (in coproductie met / co-produced by Submarine Channel)

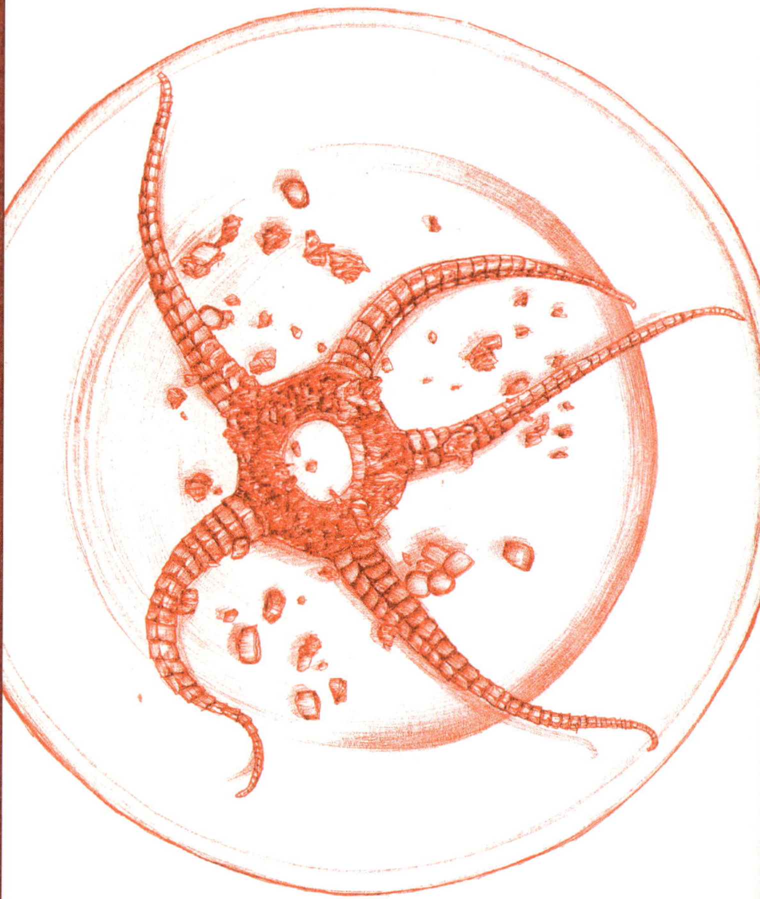

THE THROAT TICKLER

Wet, slippery, and wriggling, this curious 'creature' lives on the border between a sea anemone and a sex toy. The Throat Tickler beckons from your plate with come-hither motions, and slides its tentacles around your lips as you slurp it down.

Because Throat Ticklers have no organs or nervous systems, they're not truly alive. Rather, their enticing movement is caused by sodium altering the voltage differentials across cell membranes, triggering the muscle tissue to contract. A pinch of salt will incite a sensual wave of the Throat Tickler's tentacles, as will any salty sauce. Never before has a tickle in your throat been such a hedonistic experience.

DANCING ANEMONE RICE BOWL

- 1 throat tickler
- 1 tablespoon grated wasabi
- 2 tablespoons salmon roe
- Seasoned sushi rice or cooked rice noodles
- 1 teaspoon chopped mitsuba (wild Japanese parsley)
- Soy sauce

① Add a scoop of rice to a bowl. Top the rice with the wasabi and fish roe, and sprinkle with the mitsuba.

② Add the throat tickler to the rice bowl. Pour the soy sauce over the tickler. Consume while the tickler is still moving. Note: serve the tickler immediately after removing it from its bioreactor. Muscle cells will die if left out too long, and the throat tickler will not react to the soy sauce.

Susana Soares

Insects au Gratin

Bee Waggle Dance Objects; Insect Eggs Objects; Caterpillar and Insect Wings, 2011 – nu / ongoing

Hoe kunnen we de steeds groeiende wereldbevolking blijven voeden? Susana Soares probeert de vraag te beantwoorden met haar zandkleurige objecten. Wetenschappers zien het eiwitrijke vlees van insecten als een realistisch middel om aan het mogelijke tekort aan voedingsbronnen te verhelpen. Probleem: doorgaans vinden westerlingen het eten van insecten walgelijk.
Door gebruik te maken van 3D-printing is Soares erin geslaagd om een mengsel van gemalen insecten en een bindmiddel in aantrekkelijke, geometrisch organische vormen te gieten, die ons de oorspronkelijke dierlijke oorsprong ervan doen vergeten.

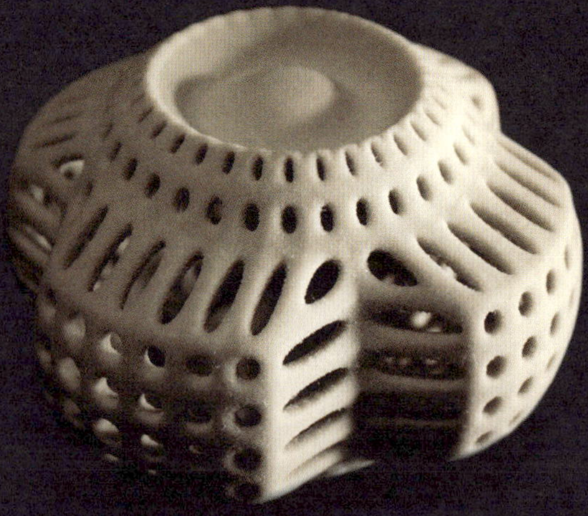

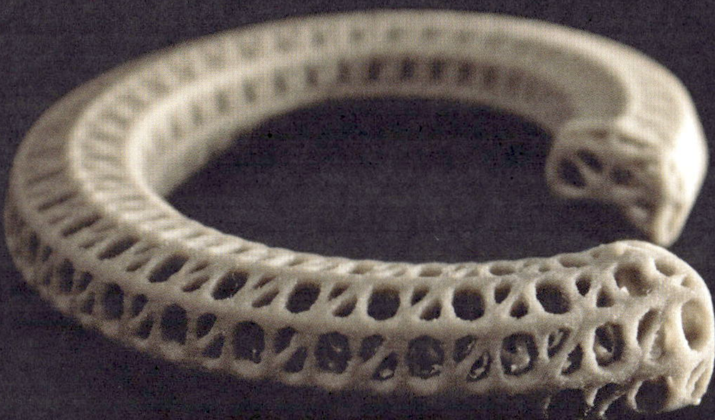

How will the world's growing population be fed? This problem is addressed by Susana Soares using her sand-coloured objects. Scientists have proposed using protein-rich insect meat as a realistic way of dealing with the lack of food resources. The snag is that in the West, many people find the prospect of eating insects revolting. Using 3D printing equipment, Soares has transformed a mixture of ground insects and binder into attractive, geometrically organic shapes which enable us to forget their insect origins.

3D-print / 3D print
Verschillende afmetingen / Various dimensions

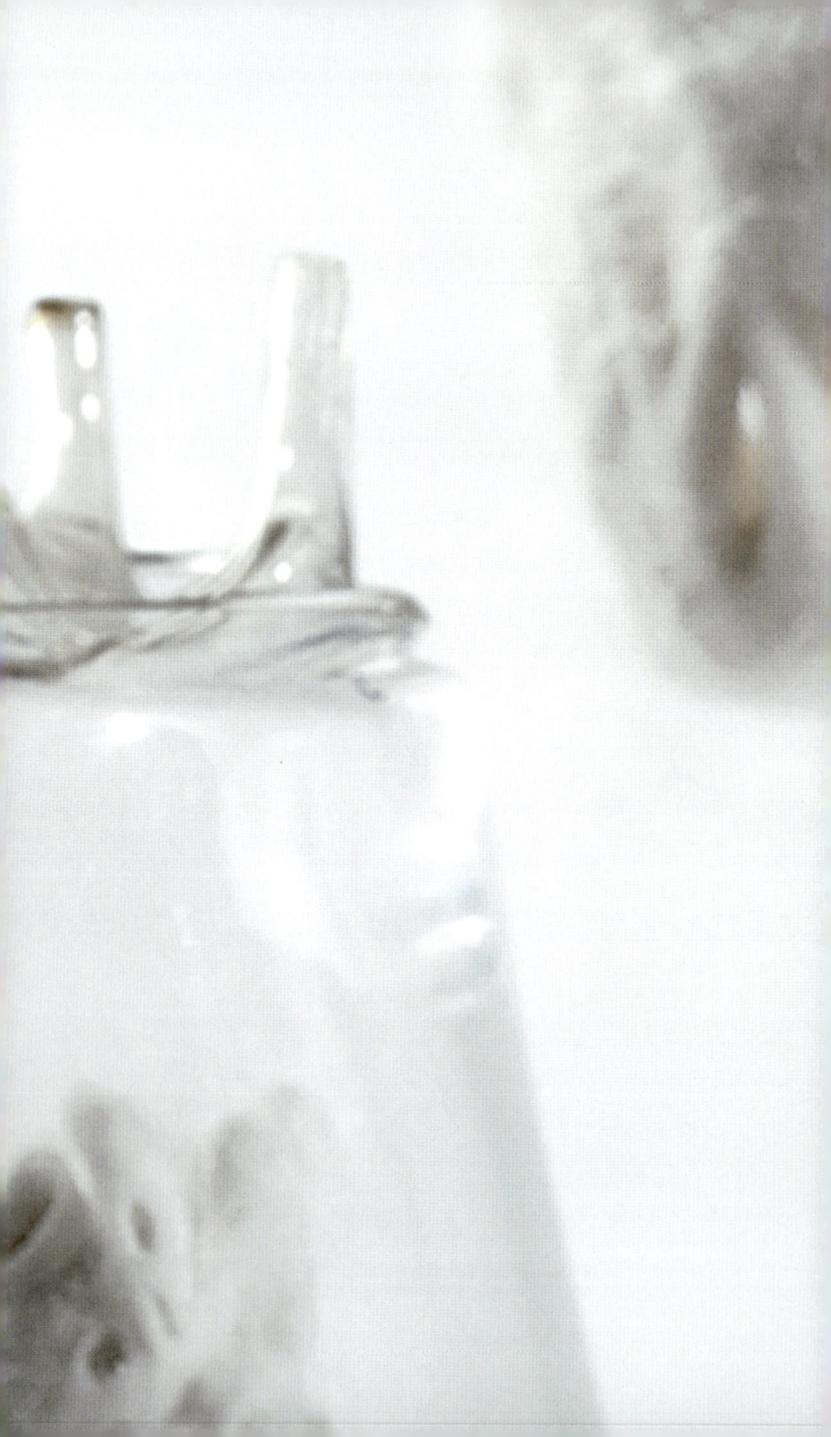

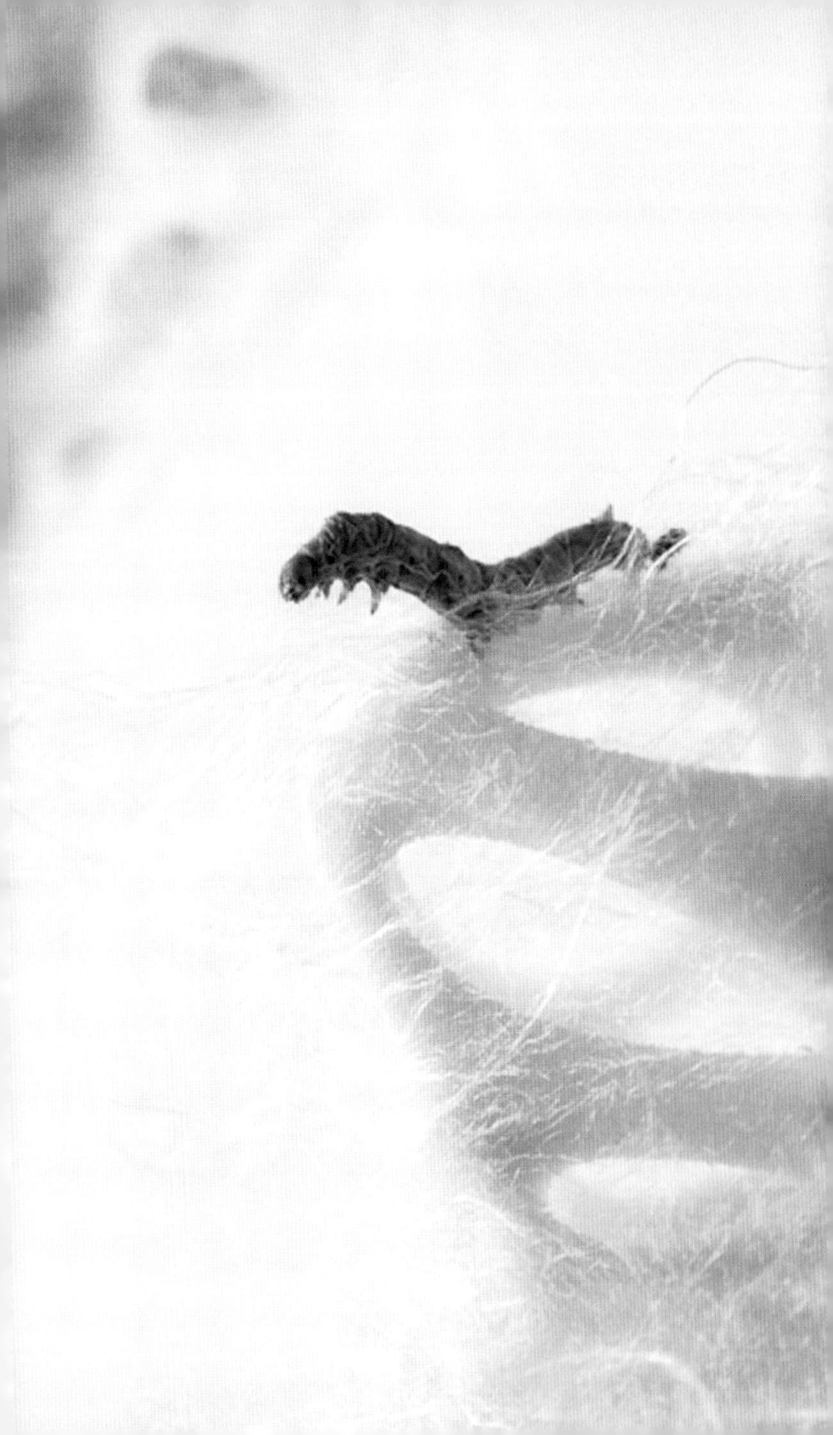

Veronica Ranner

Biophilia — Organ Crafting

2011 – nu / ongoing

De zijderups Bombyx mori is al vijfduizend jaar gedomesticeerd. In 2008 werd haar genetische code volledig ontcijferd. Veronica Ranner bedenkt een scenario waarin ze nagaat wat er zou gebeuren als zijderupsen zodanig genetisch gemanipuleerd worden dat ze, in plaats van hun cocon, andere bioweefsels zouden spinnen, bijvoorbeeld structuren voor organen, weefsels of biosensoren. Nu het onderzoek naar het maken van kunstorganen voor transplantatie dankzij machines en 3D-printers al ver gevorderd is, stelt de ontwerpster zich de vraag hoe mensen zullen omgaan met het gegeven dat zij ontvangers worden van implantaten die steeds vaker worden vervaardigd met behulp van technologie. Als zijderupsen zouden worden ingeschakeld in het creëren van organen en het proces zou worden gestuurd door de mens, hoe zou dan onze perceptie van die levenloze, technische wereld en onze verhouding tot de dieren erdoor worden beïnvloed?

The silkworm Bombyx mori has been domesticated for 5,000 years. In 2008, its genetic code was completely deciphered. Veronica Ranner explores what would happen if, instead of their cocoons, the silkworms were genetically modified to spin other biomaterials such as scaffolds for organs, tissues or biosensors. With research into artificial organs for transplants made using machines and 3D printers already well advanced, the designer questions how we will deal with becoming recipients of implants increasingly produced with the aid of technology. If silkworms were

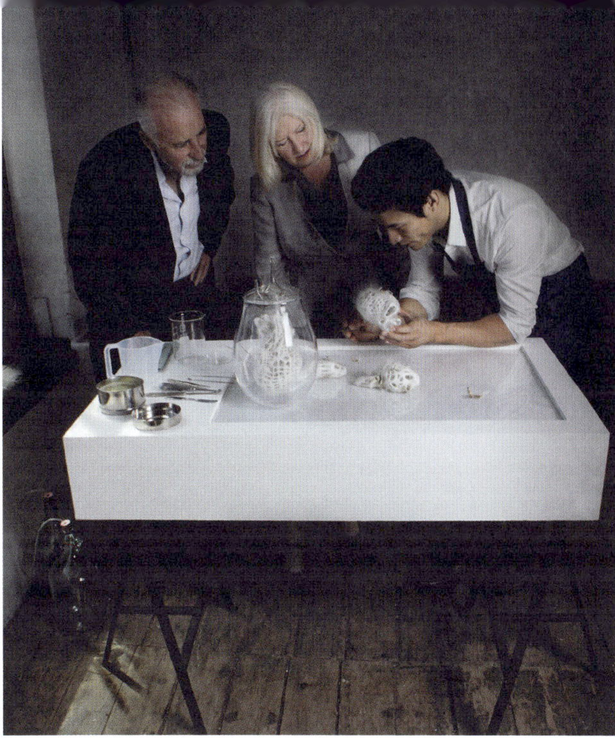

involved in the creation of organs and the process could be followed by humans, how would our perception of the inanimate, technical world and our relationship with animals be affected as a result?

Mixed Media, 3D-print AE12 3d BinderJetting, gewassen zijde, mondgeblazen glas
Mixed Media, 3D print AE12 3d BinderJetting, scoured silk, hand-blown glass
Verschillende afmetingen / Various dimensions

Digitale C-print op aluminium / Digital C-print on aluminum
elk / each 21,5 × 17,5 cm

Hoofdstuk 3

Chapter 3

Optimalisatie +

Optimization +

Toekomstvisies

Visions of the Future

Een specifiek kenmerk van mensen is dat ze hun leefwereld vorm geven. Met als gevolg dat ze al vele duizenden jaren ook de natuurlijke aard van dieren hebben gemanipuleerd door ze te temmen en te kweken. Die menselijke interventies hadden al een grote impact op het dierenrijk, en vandaag heeft genetisch onderzoek dat proces van verandering nog aanzienlijk versneld. Wanneer we spreken over het *Antropoceen* (Paul Crutzen/Eugene Stoermer, 2000), een tijdperk dat fundamenteel door de mens wordt gedomineerd, doen we dat vaak om nog meer de nadruk leggen op de complexe gevolgen van het menselijke handelen. Want het is juist de genetica die – zoals vroeger het geval was met de ontwikkeling van de landbouw, de industrialisering en de intrede van de computer – verstrekkende maatschappelijke gevolgen kan hebben.

In het publieke bewustzijn is het schaap Dolly van doorslaggevend belang geweest in het wetenschappelijk onderzoek. Onderzoekers injecteerden celkernen van de uier van een schaap in de eicellen van een ander schaap dat vervolgens een genetisch identiek lam op de wereld bracht. Terwijl bij het fokken van dieren op de klassieke manier uitsluitend verwante diersoorten met elkaar worden gekruist, maken de hedendaagse methodes het mogelijk om genetische informatie van niet-verwante diersoorten te combineren en zo volledig nieuwe levensvormen te creëren.

Sensationele publicaties van wetenschapsjournalisten over oplichtende siervissen of kippen zonder veren kunnen misschien wel voor een deel als science fiction klinken, maar naast de fascinatie voor die nieuwe, tot de verbeelding sprekende wezens – denk aan de sfinx of de centaur – ontstaat ook de vrees voor het onnatuurlijke, of zelfs het monsterlijke. Want wanneer we vernemen dat actrice Barbra Streisand haar overleden hond laat klonen wordt het duidelijk dat de onderzoeksresultaten geenszins beperkt blijven tot het labo.

Zelfs als genetische hercodering belooft een positief effect te hebben op het milieu moeten we ons toch afvragen of deze *brave new world* echt iets is om naar te streven. Wegen de positieve aspecten, zoals een verhoogde efficiëntie op het vlak van geneeskunde en landbouw, op tegen de negatieve neveneffecten, bijvoorbeeld het feit dat hiervoor dieren moeten lijden en sterven? Is het niet een uiting van menselijke hoogmoed en zijn het geen fantasieën van almacht wanneer dieren verworden tot pure artefacten die de mens naar goeddunken gestalte kan geven? En tot slot, welk effect zal deze tweede Genesis hebben op de mens zelf?

Net in tijden van economische en ecologische crisis is het van groot belang om het heden op een kritische manier onder de loep te nemen. Bij de zoektocht naar antwoorden op deze vragen kunnen ontwerpers en kunstenaars een sleutelrol spelen in de vruchtbare interactie met de wetenschap en de maatschappij door informatie te verschaffen en door mensen aan te sporen om na te denken over de gevolgen van deze manier van handelen en over een alternatieve toekomst.

One particular characteristic of humans is that they shape their environment. Thus for millennia humans have manipulated the natural dispositions of animals by means of domestication and breeding. Even though these interventions are already having a significant impact on the animal kingdom, genetic research led to yet another strong acceleration of these processes of change. If we talk of the so-called *Anthropocene* (Paul Crutzen / Eugene Stoermer, 2000) today, an age significantly shaped by humans, it is often in connection with the aspiration to focus more strongly on these complex effects of human actions. Indeed precisely genetics, like agriculture, industrialization and the computer before it, could have severe social consequences.

In the public mind, Dolly the Sheep marked a decisive change in research. Researchers injected cell nuclei from the udder of a sheep into the egg cells of another animal, which bore a genetically identical lamb. Whereas in classical breeding only related species are crossed, today's methods enable genetic information from non-related species to be combined to create entirely new lifeforms. Sensational reports by science correspondents on glowing ornamental fish or featherless chickens may in part sound like science fiction. Yet alongside the fascination for these novel creatures, which – like sphinx and centaur – capture the imagination, fear also arises, a fear of the *unnatural* or even *monstrous*. For when, for instance, the actress Barbra Streisand has her deceased dog cloned it becomes clear that the research findings are by no means limited to the lab.

Even if genetic recoding promises positive environmental effects, we must ask whether this *brave new world* is actually worth aspiring to. Do aspects such as increased efficiency in medicine and agriculture offset the negative side effects, for example the fact that animals must suffer and die for it? Is it not an expression of human hubris and fantasies of omnipotence when animals become pure artefacts that humans can design as they see fit? And finally, what effects does this second genesis have on humans themselves?

Precisely in times of economic and ecological crises, it is essential to take a critical view of the present day. In the search for answers to these questions, designers and artists can assume a key role in fruitful interaction with scientists and society by providing information and calling on people to think about the consequences of the actions and about an alternative future.

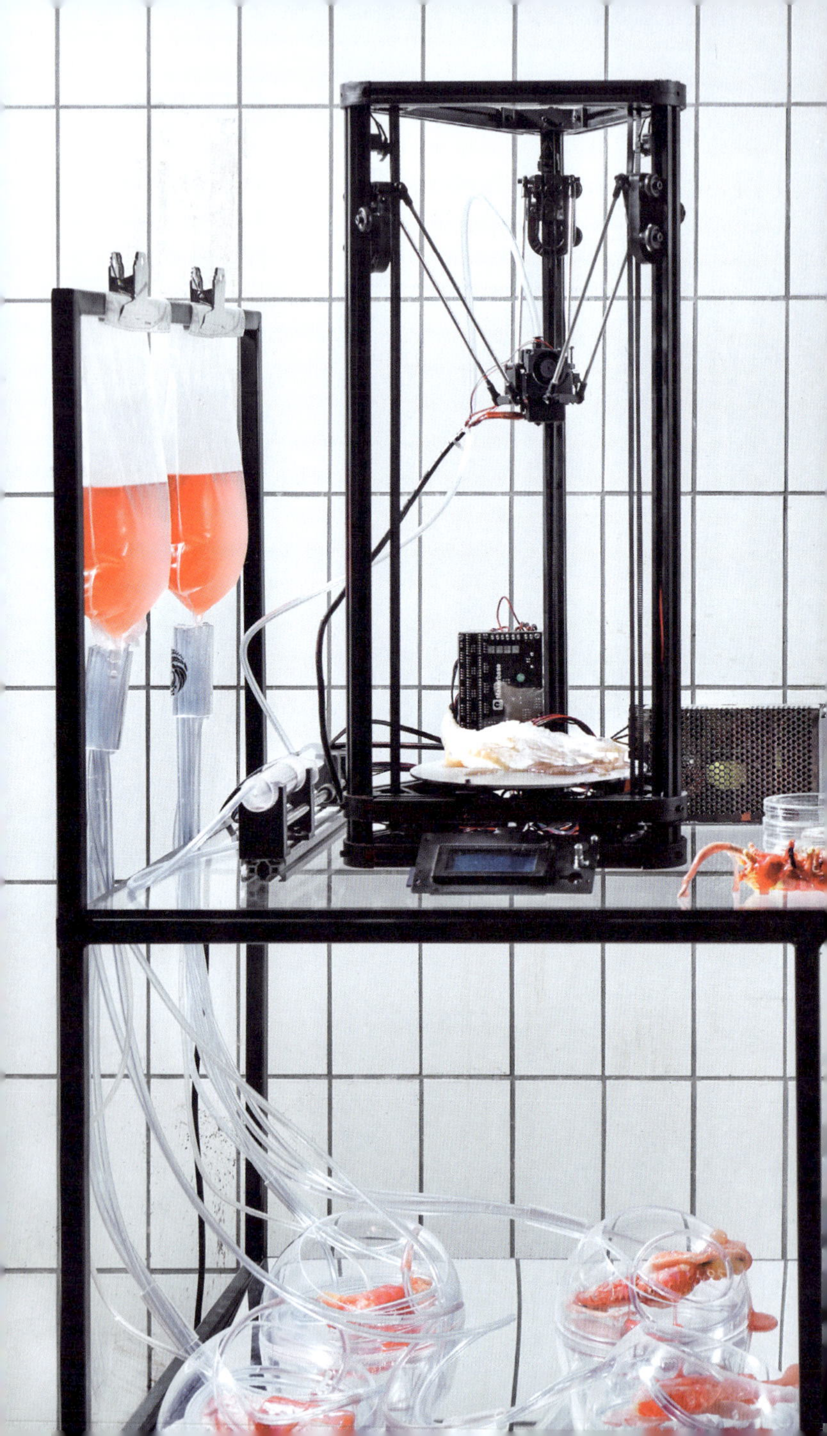

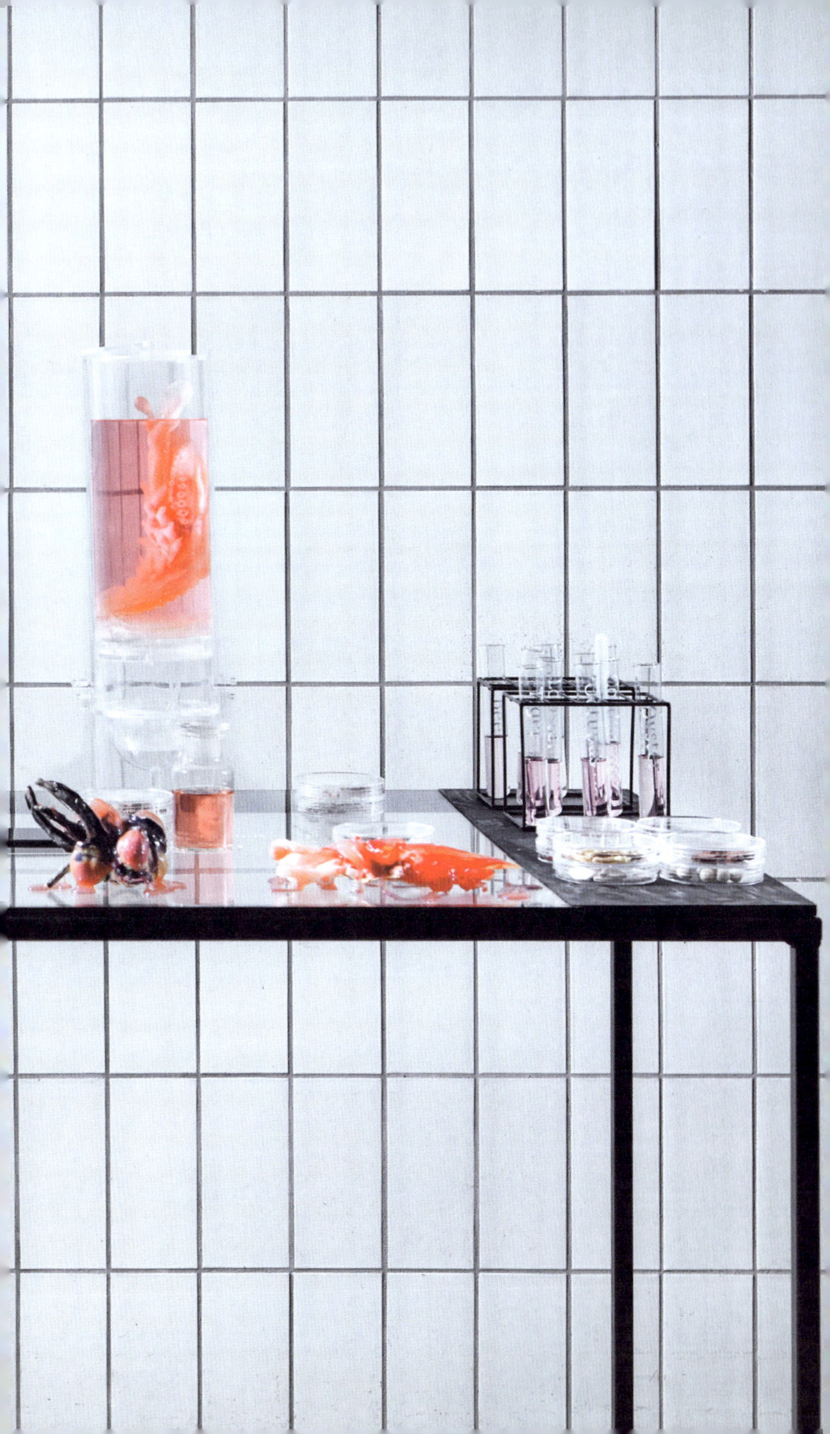

Kuang-Yi Ku

Tiger Penis Project

2018

In de traditionele Chinese geneeskunde is er een grote vraag naar onderdelen van wilde dieren, wat een gevaar betekent voor bedreigde diersoorten. Een mythisch voorbeeld is het gebruik van de tijgerpenis in de Chinese geneeskunde als middel om de viriliteit te verhogen. Toch kunnen duizenden jaren van medische praktijk ook een positieve bijdrage bieden aan de Westerse geneeskunde. *Tiger Penis Project* baseert zich op nieuwe ontwikkelingen in de biotechnologie om artificiële onderdelen van dieren te creëren voor de Chinese geneeskunde. Op die manier integreert het project niet-Westerse perspectieven in speculatieve designscenario's. Door het combineren van Westerse en Chinese technieken en gebruiken, voorkomt deze hybride geneeskunde de verdere destructie van dieren en van traditionele culturen. Daarnaast reikt ze de menselijke en natuurlijke omgeving andere mogelijkheden tot samenleven aan.

There is a huge demand for wild animal parts in traditional Chinese medicine, which forms a real threat to endangered species. The use of the tiger penis to increase virility in traditional Chinese medicine acts as a mythical example. Nevertheless, thousands of years of medical practice may offer other benefits beyond mainstream Western medicine. Bringing non-Western perspectives to speculative design scenarios, the *Tiger Penis Project* proposes the use of emerging biotechnologies to create artificial animal parts for Chinese medicine. Combining Western and Chinese medicine and technologies, this new hybrid medicine prevents the

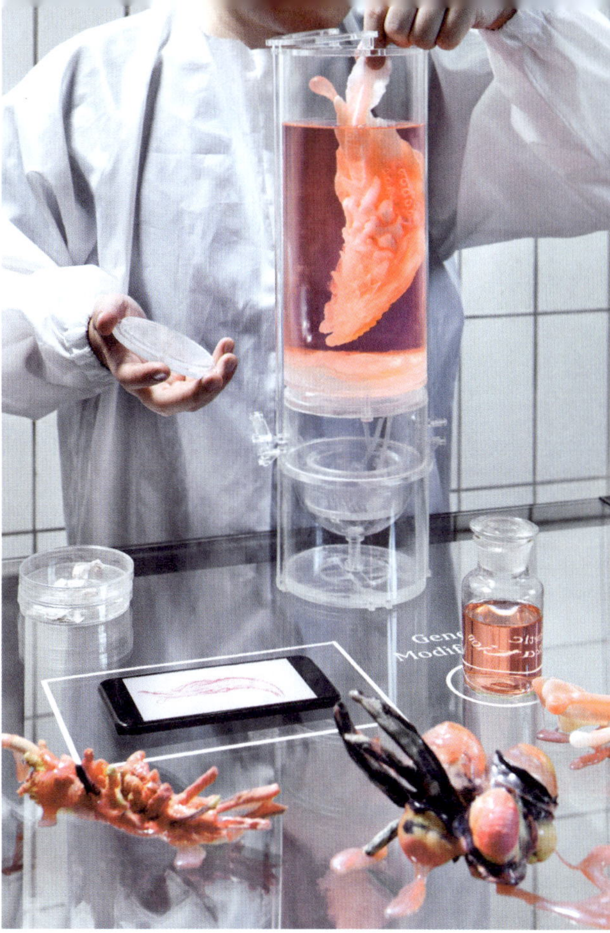

further destruction of both animals and traditional cultures, and provides more possibilities for the coexistence of human society and the natural environment.

Mixed media
Diverse afmetingen / Various dimensions

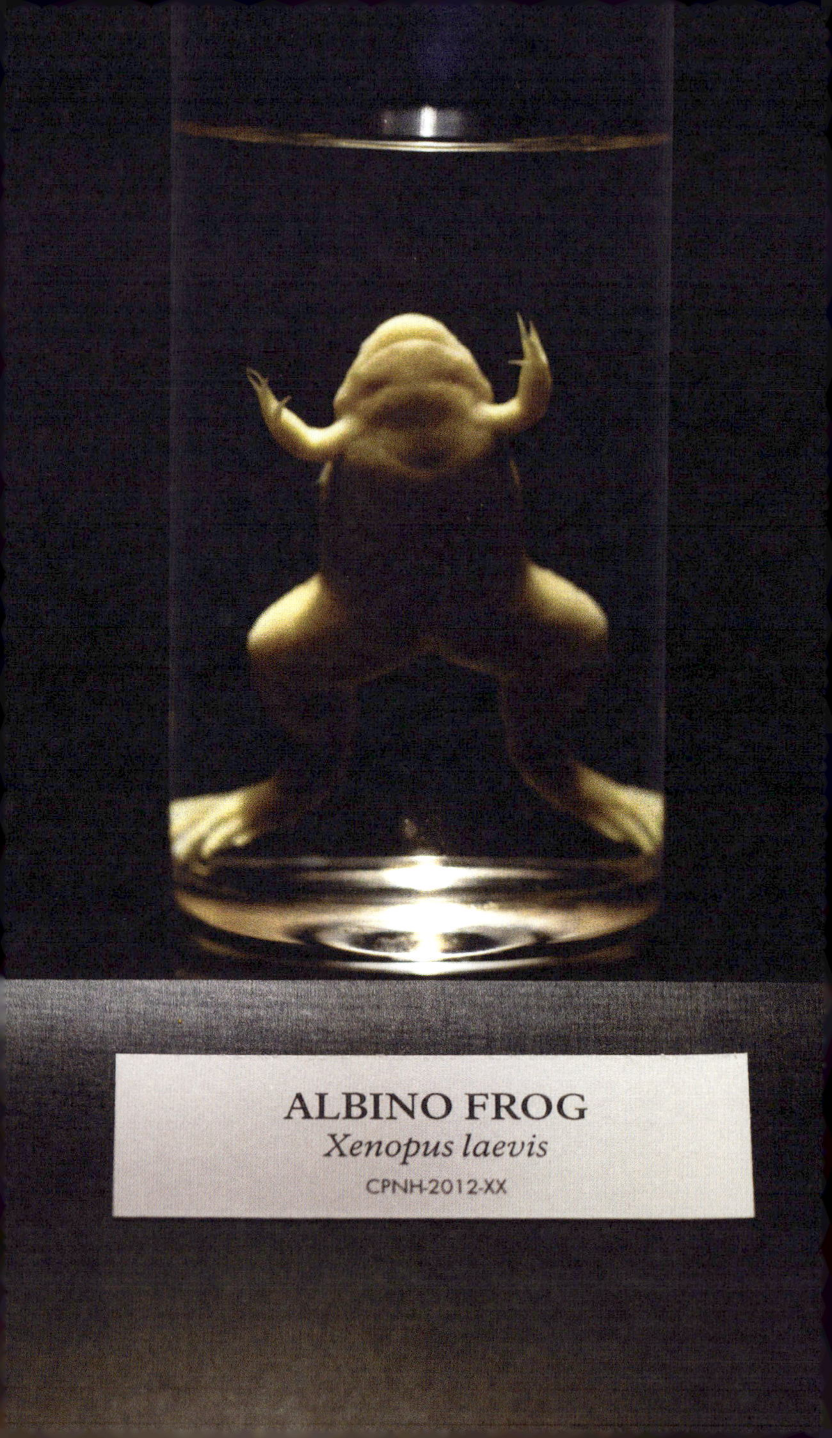
ALBINO FROG
Xenopus laevis
CPNH-2012-XX

Klauwkikker/African Clawed Frog

2012

De albino Afrikaanse klauwkikker (Xenopus laevis) behoort tot een kleine groep 'modelorganismen' die door biologen worden gebruikt voor onderzoeksdoeleinden. In de vroege jaren 1930 injecteerde de Britse zoöloog Lancelot Hogben urine van een mensenvrouw in een vrouwelijke klauwkikker. Zo ontdekte hij dat wanneer de kikker binnen een tijdsduur van ongeveer twaalf uur eitjes produceerde, dit een betrouwbare indicatie was dat de vrouw zwanger was. In 1937 werden achttien kikkers geïmporteerd in de VS door de Amerikaanse Liga voor Geboortebeperking (nu bekend als Planned Parenthood), wat niet alleen de legalisering van geboortebeperking in de hand heeft gewerkt maar ook een cruciale rol heeft gespeeld in de ontwikkeling van de anticonceptiepil.

The albino African Clawed Frog (Xenopus laevis) is one of a small group of *model organisms* used by biologists for research purposes. In the early 1930s, British zoologist Lancelot Hogben injected urine from a human female into a female frog and found that if the frog produced eggs within twelve hours or so, this was a reliable indication that the woman was pregnant. In 1937, 18 frogs were transported to the US by the director of the American Birth Control League (now Planned Parenthood), catalysing the legalization of birth control and playing a crucial role in the development of the pill.

Kikker in alcohol / Frog in alcohol
Ø 7 cm, Hoogte / Height 20 cm

Rat met alcoholverslaving
Alcoholic Rat
2012

De witte laboratoriumrat (Rattus norvegicus) is misschien wel het meest bekende organisme dat wordt gebruikt voor experimenten. Door selectieve kweek of genetische manipulatie worden laboratten zodanig gewijzigd dat ze ziektes kunnen krijgen die typisch zijn voor de mens. Ze kunnen zelfs menselijke gedragspatronen gaan aannemen. Deze specifieke rat werd gekweekt door het Nationaal Gezondheidsinstituut van Finland voor de behandeling van alcoholisme. Verschillende generaties lang werden enkel die ratten gekweekt die alcohol verkozen boven water. Via de zogenaamde Sinclairmethode was het de bedoeling om de genotsreactie in de hersenen op een chemische manier te herprogrammeren. Het onderzoeksproject werd enkele jaren geleden stopgezet; het is niet bekend hoe groot momenteel de populatie van aan alcohol verslaafde ratten is in Finland.

The white laboratory rat (Rattus norvegicus) may well be the best-known organism used in animal experiments. Laboratory rats are modified by selective breeding or genetic engineering to catch illnesses typically afflicting humans and even take on human behavioural traits. This particular rat was bred by Finland's National Public Health Institute to treat alcoholism. Over several generations, rats were only chosen for breeding which, when offered water or alcohol, chose the latter. Using the Sinclair Method for addiction, the aim was to chemically reprogram the pleasure response of the brain. This research project was cancelled a few years ago – and the current size of the alcoholic rat population in Finland is unknown.

Opgezette laborat / Taxidermy lab rat
20 × 2,5 × 11 cm

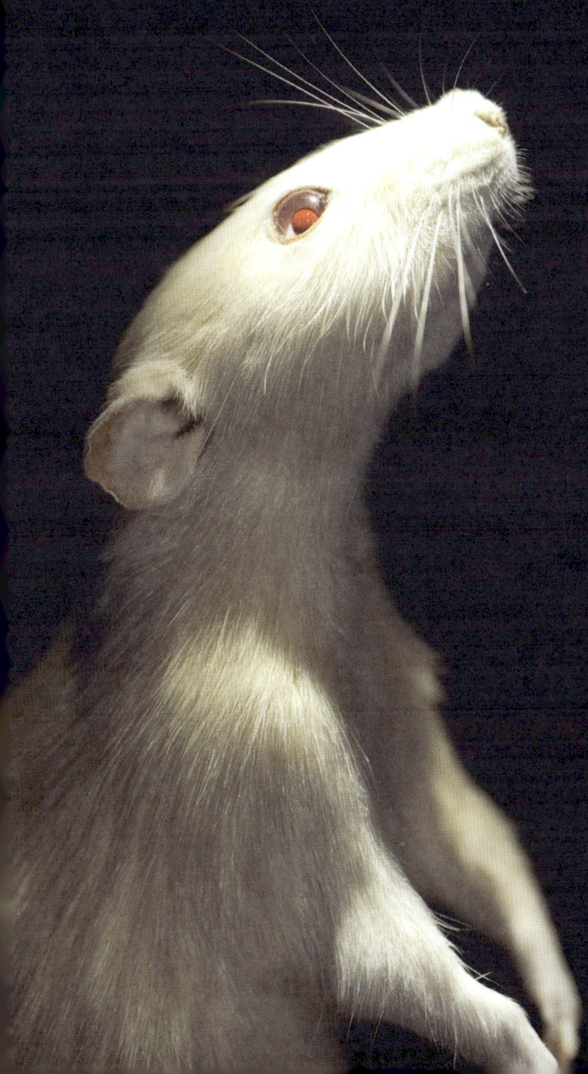

Pinar Yoldas

Fool's Fowl

Genetically engineered biological minimalism, 2013

Met *Fool's Fowl* heeft Pinar Yoldas genetisch gemanipuleerde gevederde organismen gecreëerd die een samensmelting van de natuur en de levensmiddelenindustrie belichamen. Naar het voorbeeld van de klassieke kip, maar in overeenstemming met de logica van de productiemaatschappij, ontwikkelde de ontwerpster en neurowetenschapper een 'minimale kip'. Herleid tot het louter produceren van eieren en vlees werden alle overbodige ledematen en organen, in eerste instantie de hersenen, weggekweekt. Het zou een oplossing kunnen bieden voor de ethische conflicten die gepaard gaan met de intensieve veehouderij, en in het bijzonder met de pluimveehouderij, zonder dat we moeten afzien van de consumptie van dierlijke producten.

In *Fool's Fowl*, designer and neuroscientist Pinar Yoldas has created genetically engineered feathered organisms in which nature is merged with the needs of the food industry. Based on the example of a traditional chicken yet responding to the logic of production management, Yoldas has developed a *minimal chicken*. Reduced to the production of eggs and meat, all *superfluous* limbs and organs, especially the brain, have been bred out. This would resolve ethical conflicts of factory farming (which particularly apply to poultry) without our having to go without animal products.

Mixed Media
Variabele afmetingen / Variable dimensions

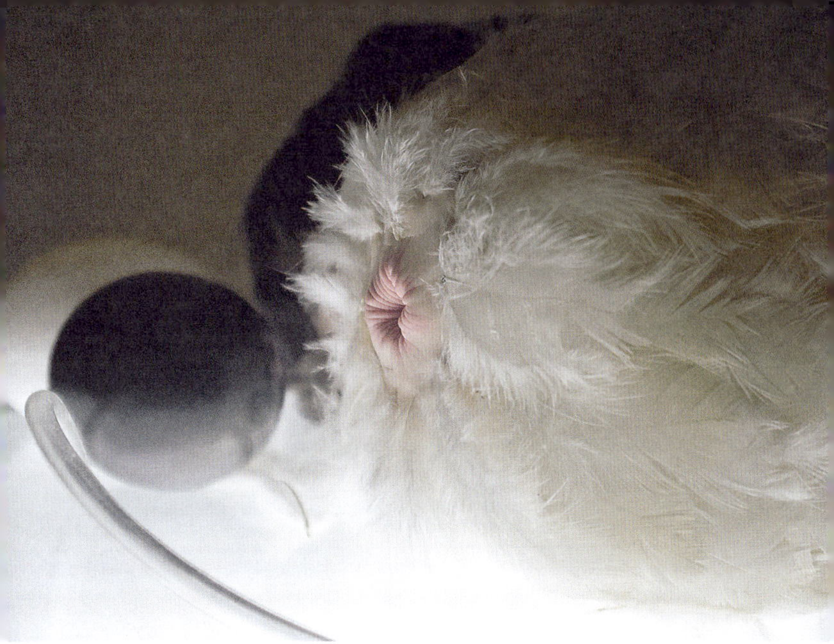

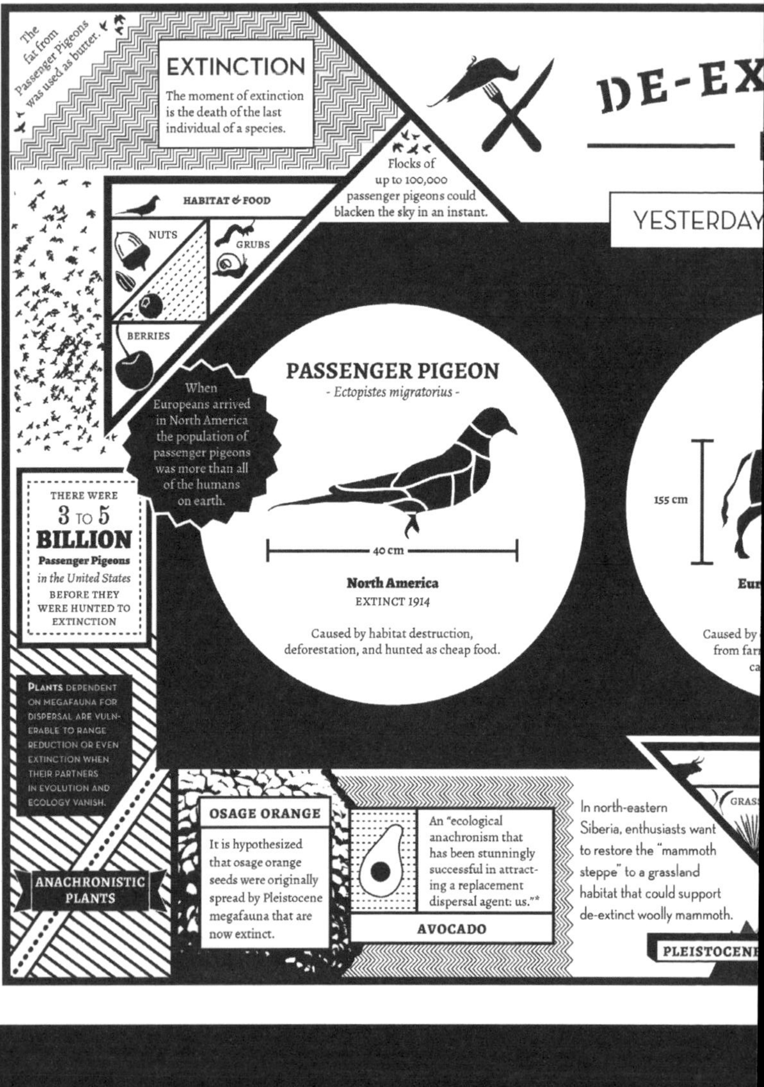

The fat from Passenger Pigeons was used as butter.
EXTINCTION
The moment of extinction is the death of the last individual of a species.
DE-EX
YESTERDAY
Flocks of up to 100,000 passenger pigeons could blacken the sky in an instant.
HABITAT & FOOD
NUTS
GRUBS
BERRIES
When Europeans arrived in North America the population of passenger pigeons was more than all of the humans on earth.
THERE WERE
3 TO 5
BILLION
Passenger Pigeons
in the United States
BEFORE THEY WERE HUNTED TO EXTINCTION
PASSENGER PIGEON
- Ectopistes migratorius -
40 cm
North America
EXTINCT 1914
Caused by habitat destruction, deforestation, and hunted as cheap food.
155 cm
Eur
Caused by
from far
ca
PLANTS DEPENDENT ON MEGAFAUNA FOR DISPERSAL ARE VULNERABLE TO RANGE REDUCTION OR EVEN EXTINCTION WHEN THEIR PARTNERS IN EVOLUTION AND ECOLOGY VANISH.
ANACHRONISTIC PLANTS
OSAGE ORANGE
It is hypothesized that osage orange seeds were originally spread by Pleistocene megafauna that are now extinct.
An "ecological anachronism that has been stunningly successful in attracting a replacement dispersal agent: us."*
AVOCADO
In north-eastern Siberia, enthusiasts want to restore the "mammoth steppe" to a grassland habitat that could support de-extinct woolly mammoth.
GRAS
PLEISTOCENE

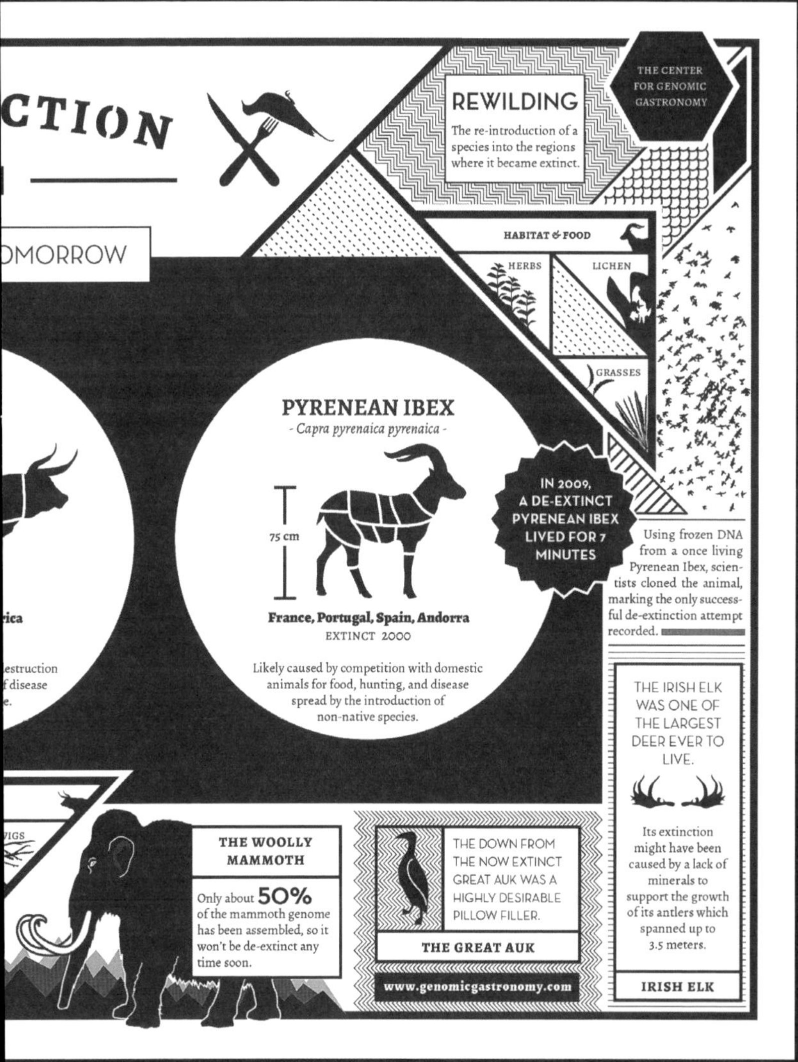
CTION
OMORROW
REWILDING
The re-introduction of a species into the regions where it became extinct.
THE CENTER FOR GENOMIC GASTRONOMY
HABITAT & FOOD
HERBS
LICHEN
GRASSES
PYRENEAN IBEX
- Capra pyrenaica pyrenaica -
75 cm
France, Portugal, Spain, Andorra
EXTINCT 2000
Likely caused by competition with domestic animals for food, hunting, and disease spread by the introduction of non-native species.
IN 2009, A DE-EXTINCT PYRENEAN IBEX LIVED FOR 7 MINUTES
Using frozen DNA from a once living Pyrenean Ibex, scientists cloned the animal, marking the only successful de-extinction attempt recorded.
rica
estruction
f disease
e.
THE IRISH ELK WAS ONE OF THE LARGEST DEER EVER TO LIVE.
Its extinction might have been caused by a lack of minerals to support the growth of its antlers which spanned up to 3.5 meters.
IRISH ELK
VIGS
THE WOOLLY MAMMOTH
Only about 50% of the mammoth genome has been assembled, so it won't be de-extinct any time soon.
THE DOWN FROM THE NOW EXTINCT GREAT AUK WAS A HIGHLY DESIRABLE PILLOW FILLER.
THE GREAT AUK
www.genomicgastronomy.com

The Center for Genomic Gastronomy

De-Extinction Deli

2013 – lopend / ongoing

Het Center for Genomic Gastronomy is een door kunstenaars geleide denktank rond alternatieve voeding. Centraal staat de wereldwijde samenwerking met wetenschappers, hackers, koks en landbouwers. Met de *De-Extinction Deli* creëren ze een plaats waar de bezoeker meer te weten kan komen over projecten rond het uitsterven van verschillende diersoorten en het opnieuw doen ontwaken/herstellen van de populatie door middel van klonen. De bezoekers worden aangemoedigd deel te nemen aan het project door hun ideeën en standpunten op een postkaart te schrijven die vervolgens wordt opgestuurd naar wetenschappers die in dat vakgebied onderzoek verrichten. Naar het voorbeeld van een afhaalrestaurant worden belangrijke vragen over de toekomst van verschillende levende wezens en over onze voeding geïntegreerd in het dagelijkse leven.

The Center for Genomic Gastronomy is an artist-led think tank studying alternative food. One significant aspect is its global collaboration with scientists, hackers, cooks and farmers. The *De-Extinction Deli* is a place where visitors can find out about projects addressing the extinction of various species and their subsequent re-awakening / re-establishment by means of cloning. Participation is encouraged by inviting visitors to fill in postcards indicating their views which are then sent to prominent scientists working in this field. Like a takeaway, important questions about the future of various living things and our food are integrated into everyday life.

Mixed Media
Verschillende afmetingen / Various dimensions

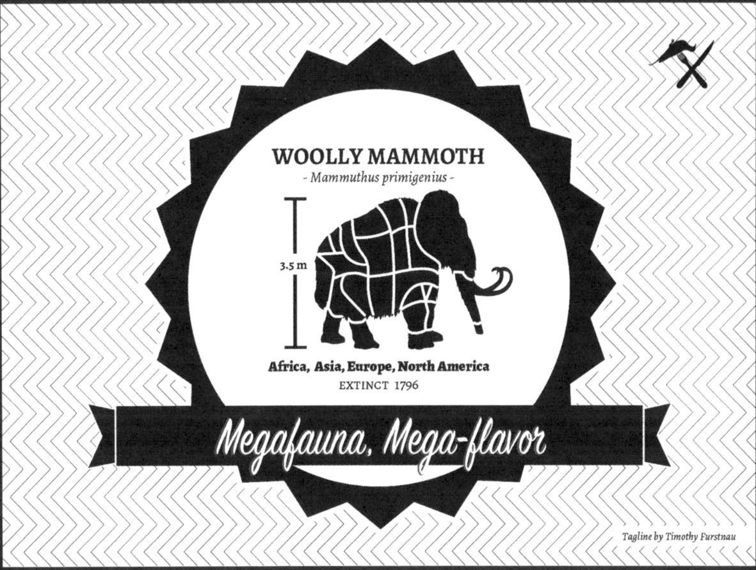
WOOLLY MAMMOTH
- Mammuthus primigenius -
3.5 m
Africa, Asia, Europe, North America
EXTINCT 1796
Megafauna, Mega-flavor
Tagline by Timothy Furstnau

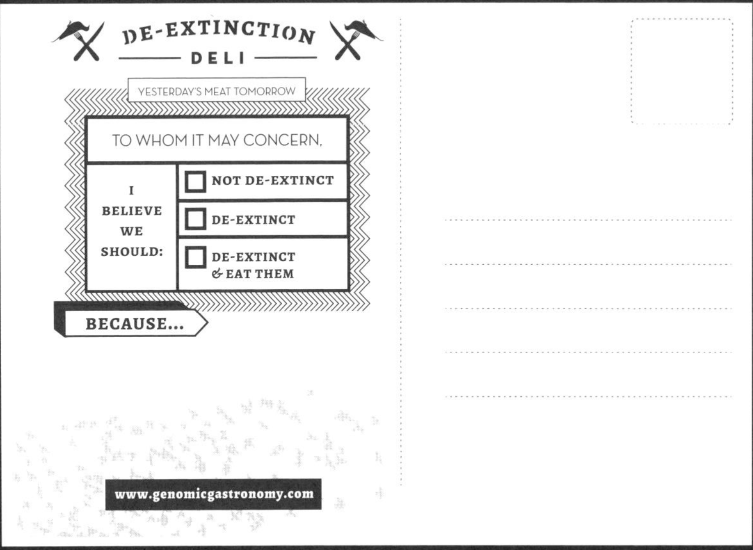
DE-EXTINCTION
DELI
YESTERDAY'S MEAT TOMORROW
TO WHOM IT MAY CONCERN,
I BELIEVE WE SHOULD:
NOT DE-EXTINCT
DE-EXTINCT
DE-EXTINCT & EAT THEM
BECAUSE...
www.genomicgastronomy.com

Johanna Schmeer

Mousetrap

Birdsong Mouse; Cyborg Mouse; Waltzing Mouse, 2012

Door laboratoriumexperimenten met muizen hebben vandaag veel knaagdieren ernstige afwijkingen als gevolg van genetische manipulatie. Zo kan bijvoorbeeld de *Walsende Muis* door een gehoorafwijking en de daarmee gepaard gaande evenwichtsproblemen alleen nog in cirkels lopen. Johanna Schmeer ontwerpt muizenvallen voor het geval dat dergelijke gemanipuleerde diersoorten zouden worden vrijgelaten in de natuur. Voor sommige diersoorten is dat al realiteit. De *Cyborg Mouse*, die een implantaat in de hersenen heeft die haar bewegingen stuurt, kan worden gestopt door middel van een sterke magneet. En de *Birdsong Mouse*, die door Japanse onderzoekers zo werd gemanipuleerd dat ze tjilpt als een vogel, wordt in de val gelokt met een soort luidspreker die vogelgeluiden uitstuurt.

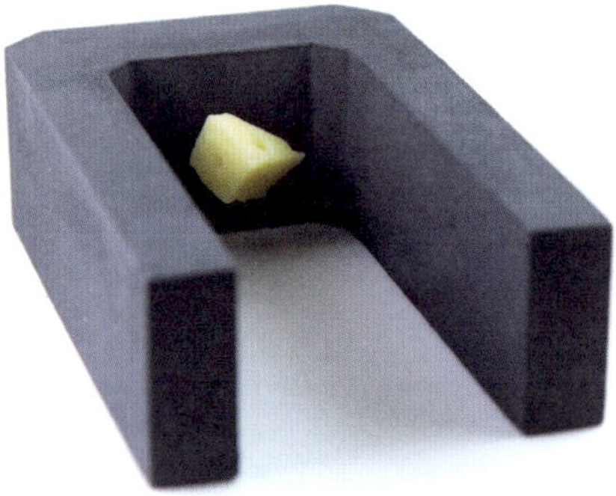

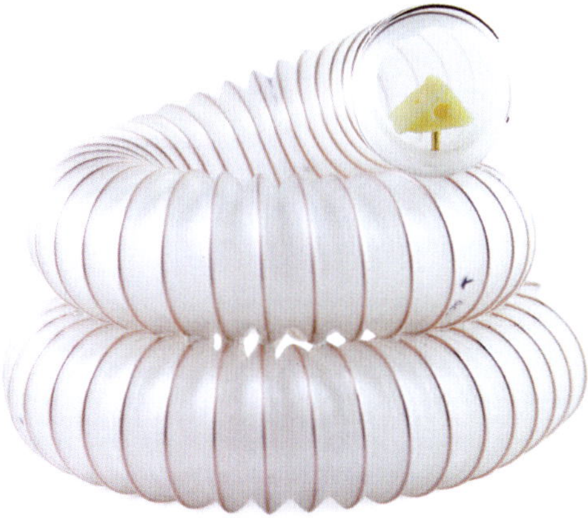

Lab experiments with mice mean that today many of the rodents display severe abnormalities owing to genetic modification. By way of example, owing to an ear defect and the resulting problems with balance the *Waltzing Mouse* can only walk in a circle. Johanna Schmeer designs mousetraps for use should this modified species return to the wild. For some species this is already a reality. The *Cyborg Mouse*, which has a brain implant that controls its movements, could be stopped by a strong magnet. And a trap designed as a speaker uses birdcalls to lure the *Birdsong Mouse*, which chirps like a bird having been modified by Japanese researchers.

Metaalpigmentverf, metaal, plastic / Metal pigment paint, metal, plastic
15 × 15 × 15 cm; 5 × 11 × 17 cm; 25 × 25 × 25 cm

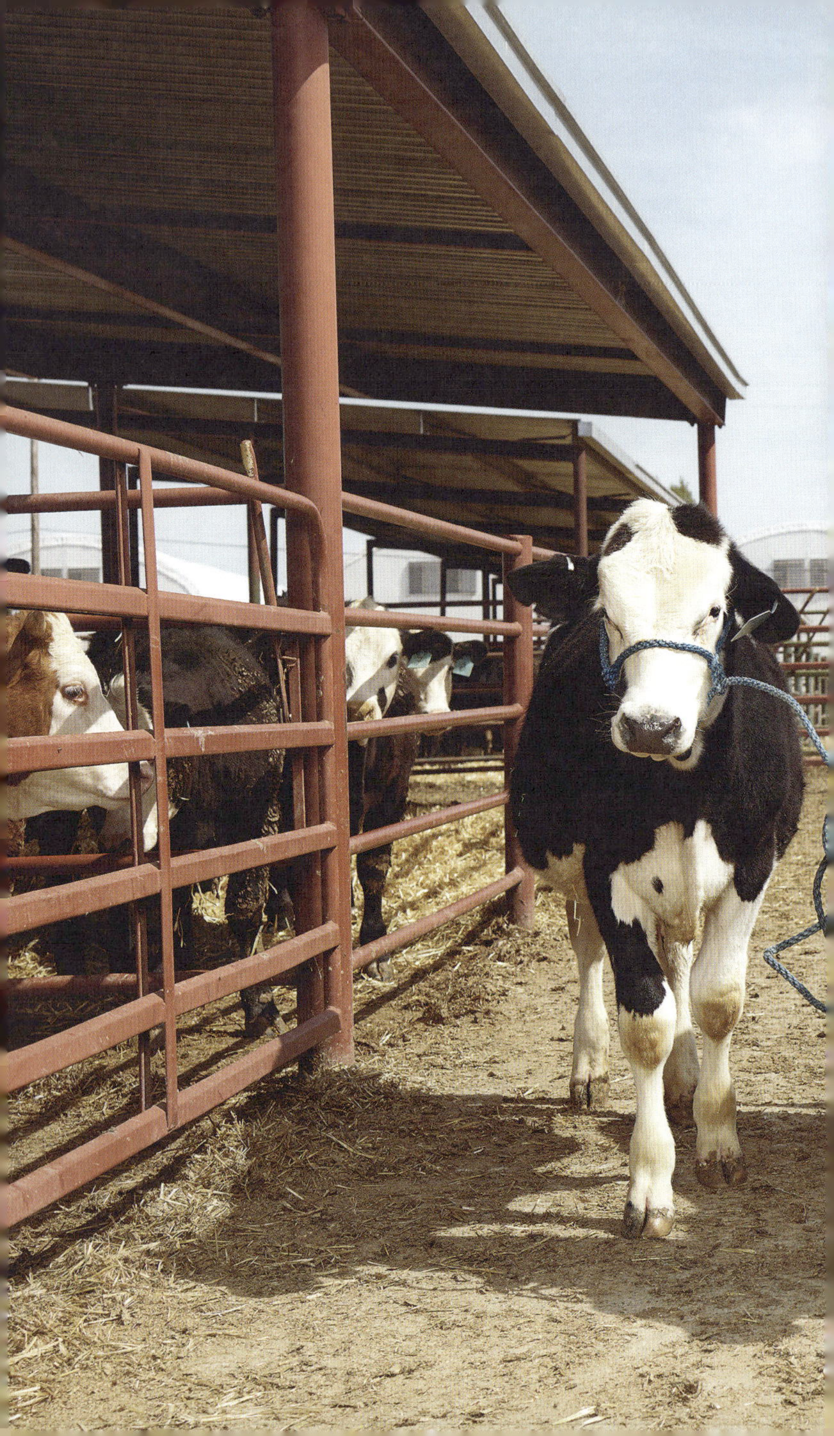

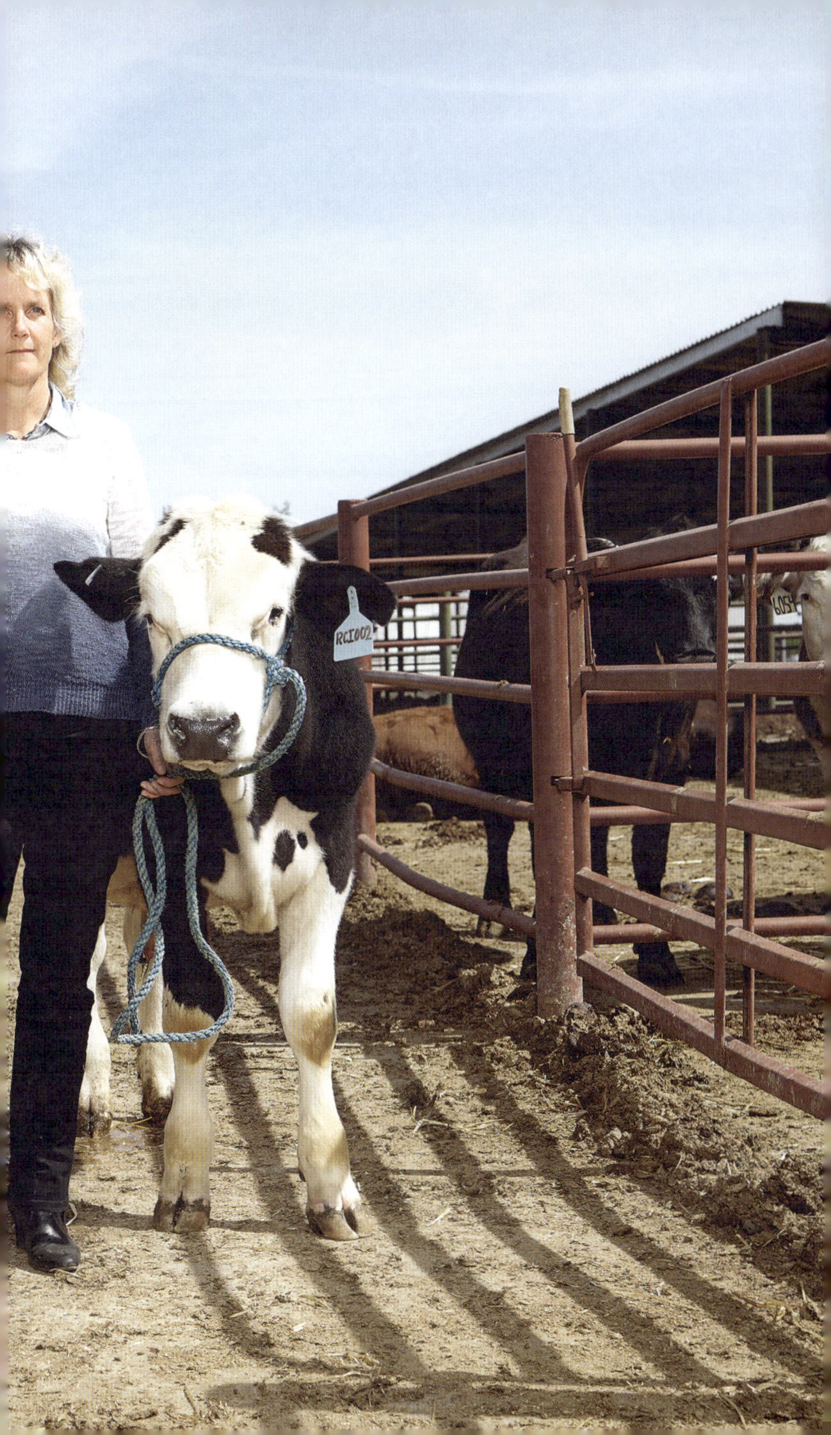
RCI002
6054

Aleksandra Domanović

Bulls Without Horns

Alison With the Bulls; Meeting Horned Sisters, 2016

De klonen Spotigy en Buri zijn de eerste twee stieren die door wijzigingen in hun DNA geboren zijn zonder dat ze hoorns kunnen ontwikkelen. De dieren werden dus genetisch onthoornd. Het gen dat verantwoordelijk is voor hoorngroei werd weggeknipt uit hun DNA door middel van het TALEN-procedé dat werkt als een soort schaar. Bij het uitvoeren van haar project stond de kunstenares in nauw contact met diergeneticus Alison Van Eenennaam, die met de twee stieren werkt en onderzoek verricht aan het UC Davis in Californië. De reeks *Bulls Without Horns* linkt het actuele onderzoek aan een kritische evaluatie ervan en werpt ook een licht op de genderthematiek binnen de wetenschap.

Clones Spotigy and Buri are the first two bulls to be born that will not grow horns, owing to modification of their DNA. The animals have been genetically dehorned. The gene responsible for horn growth was cut out of their DNA using the molecular-biological method TALEN, which functions like a pair of scissors. When realizing her project the artist was in close contact with animal geneticist Alison Van Eenennaam, who works with the two bulls and conducts research at UC Davis in California. The series *Bulls Without Horns* links current research to a critical investigation of it and at the same time sheds light on topics of gender in science.

Diasec, C-print
Diasec, mounted chromogenic print
150 × 200 cm; 30 × 40 cm

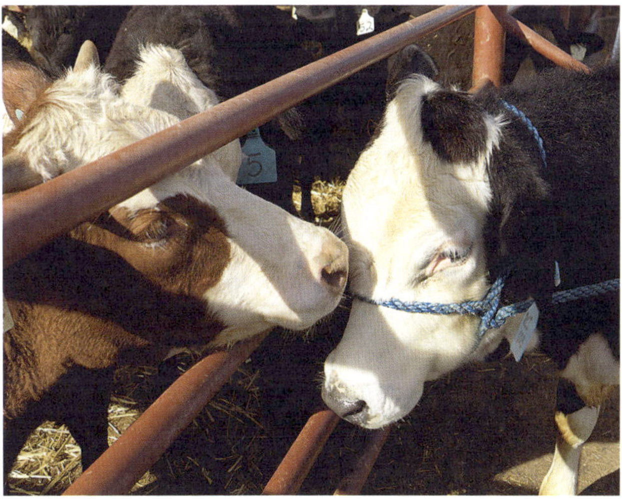

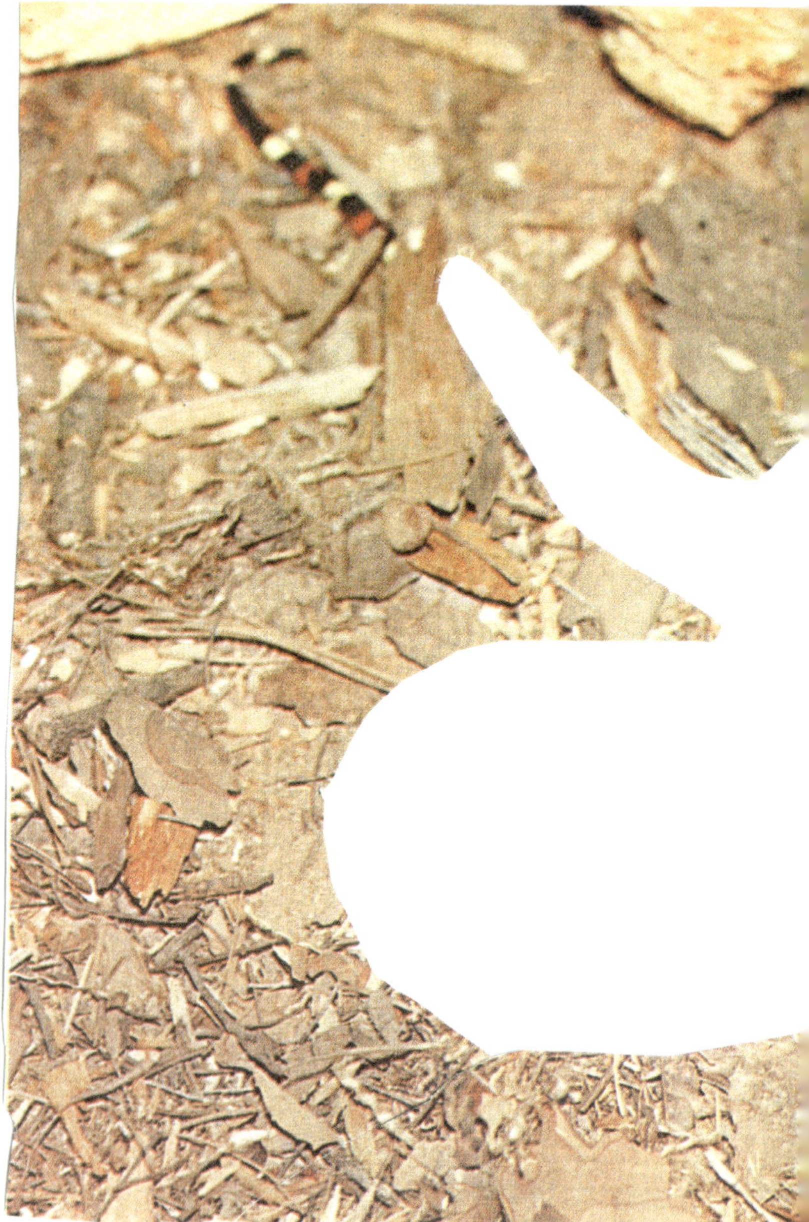

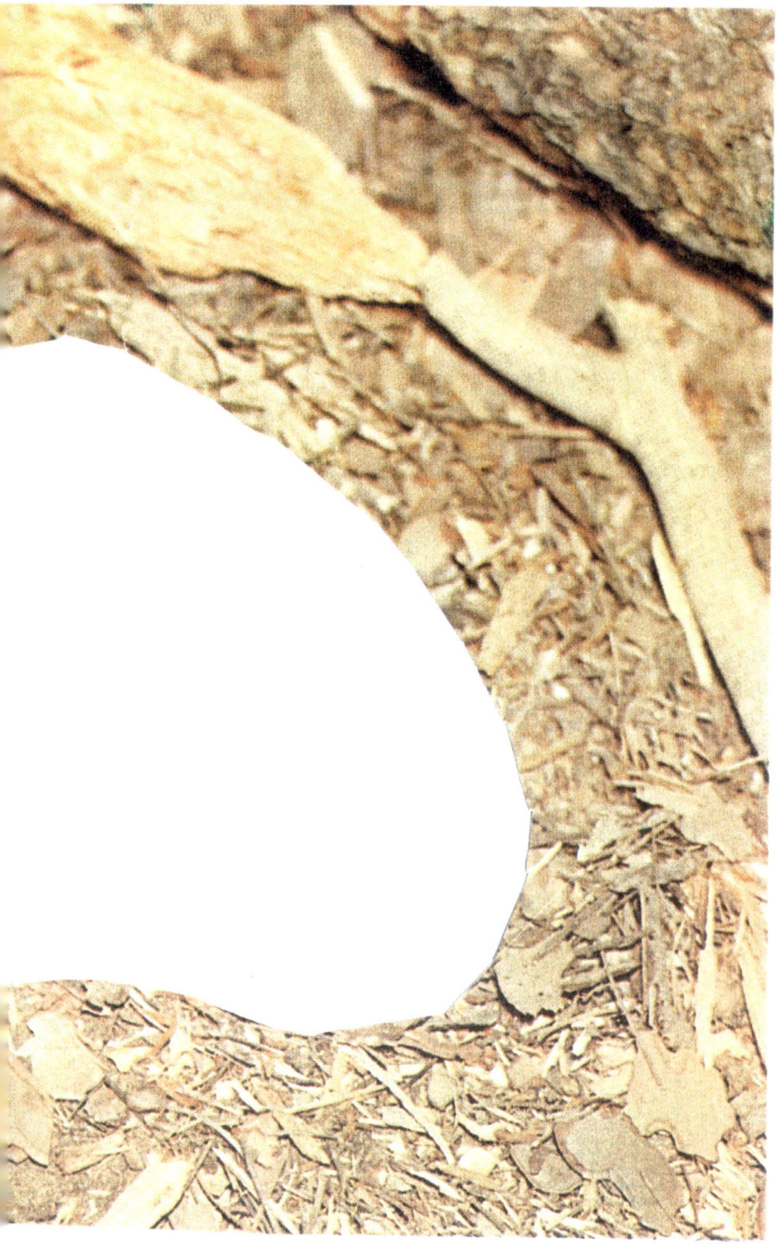

Thomas Pausz

Spectral Safari

2019

'Amateur natuurfotograaf en designer Thomas Pausz ontdekte ongekende diersoorten tijdens het filmen van de laatste drietenige flamingo's in de Franse Camargue. Op een namiddag viel Pausz in slaap onder zijn camouflagetent terwijl zijn camera nog aanstond. Toen hij zijn beelden later terug bekeek, bleken deze bevolkt te zijn door vluchtige wezens die hij nooit eerder had gezien. Volgens Pausz zijn deze *spectral species* onzichtbaar voor het menselijk oog en kunnen ze enkel worden waargenomen door de lens van een camera of op een scherm onder een speciaal ontworpen tentstructuur. De hybride wezens hebben geen vaste vorm. Ze lijken de lichamen en bewegingen van uitgestorven diersoorten te imiteren en steeds opnieuw te veranderen van morfologie.'

Spectral Species verenigt de verwarde herinneringen aan voormalige ecosystemen. De meeste zoölogen omschrijven het fenomeen als digitale storingen of *glitches*, maar sommigen geloven dat er een nieuwe fauna floreert in de digitale wereld.

"Amateur Wildlife photographer and designer Thomas Pausz discovered unknown species while filming the last pair of three-toed flamingoes in the Camargue region in France. One late afternoon, Pausz fell asleep under his camouflaged tent while the camera was left running. When he played the images back, his films were populated by fleeting images and furtive bodies of a kind he had never seen before. According to Pausz, these *spectral species* are invisible to the naked eye, and can only be seen through the lens of a camera or screen device under a specially designed tent. These hybrids have no fixed form or consistency. Instead they seem to be mimicking the bodies and movements of disappeared animals, ever changing their morphology."

Spectral Species are the distorted memories of prior ecosystems. Most zoologists dismiss them as mere digital glitches, but some believe that a new wilderness is thriving in the digital sphere.

Installatie in binnentuin
Installation in the courtyard

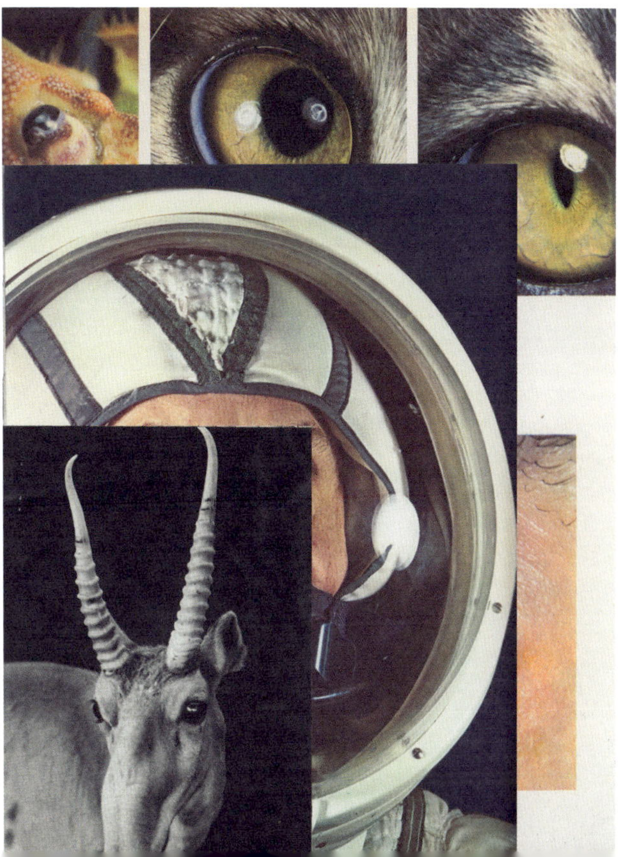

Apology to the Great Auk

2017

Tijdens de zomer van 2017 reisde Marcus Coates naar Fogo (Newfoundland, Canada) om een officiële verontschuldiging te vragen voor het uitsterven van de Great Auk. Deze vogel, een pinguïn die niet kan vliegen, was ooit overvloedig aanwezig op het eiland, maar is sinds 1844 uitgestorven door excessief jagen omwille van het vlees, de veren en het vet van de vogel. Een film, *Apology to the Great Auk*, documenteert een eerlijke poging van de gemeenschap op Fogo om te reageren op en te leren van het verlies van wat nu enkel nog in de verbeelding bestaat. Marcus Coates maakte de verontschuldigingsbrief in samenwerking met een speciaal samengesteld *verontschuldigingscomité*. De verontschuldiging werd bekrachtigd en uitgesproken met een megafoon door de burgemeester van Fogo in de richting van de kustlijn.

During the summer of 2017 Marcus Coates travelled to Fogo Island (Newfoundland, Canada) to ask for an official apology to be

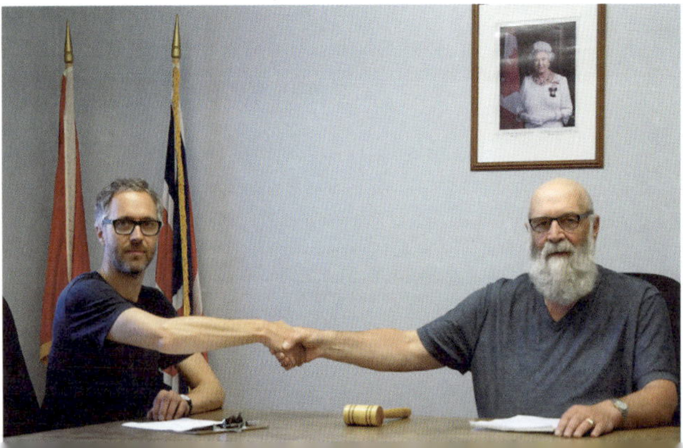

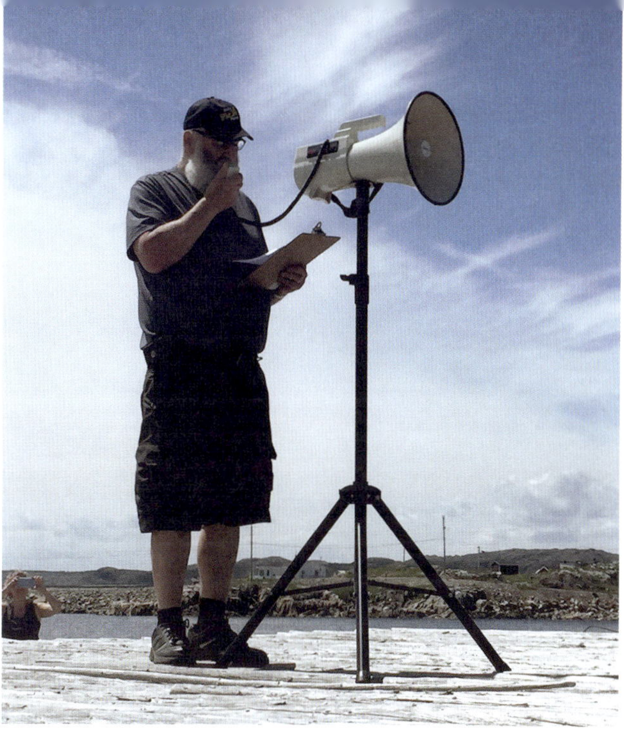

given the Great Auk, a flightless bird once numerous around the island, but extinct since 1844 due to excessive hunting for its meat, feathers and fat. The resulting film, *Apology to the Great Auk*, documents a sincere attempt by the community of Fogo Island, through the specially appointed apology committee, to respond and learn from the loss of what can only now be imagined. Marcus Coates generated the apology letter through his facilitation of a specially formed *apology committee*. The apology was ratified and announced towards the shoreline through a megaphone by the Fogo Island Mayor.

Brief / Letter, video 7:24 min

Produced in association with the Museum of the Flat Earth, Fogo Island, Canada

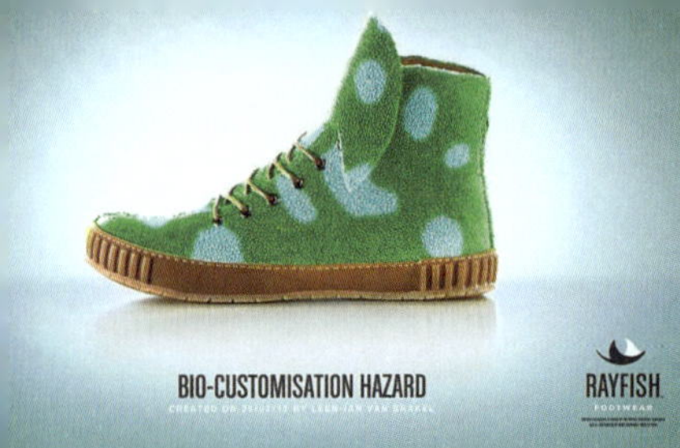
BIO-CUSTOMISATION HAZARD
RAYFISH
FOOTWEAR

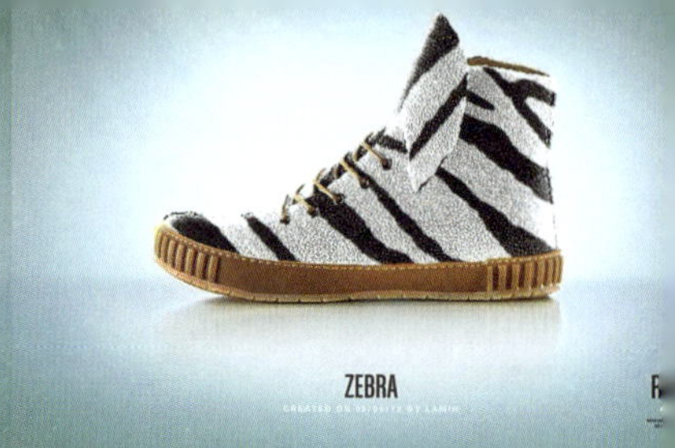
ZEBRA

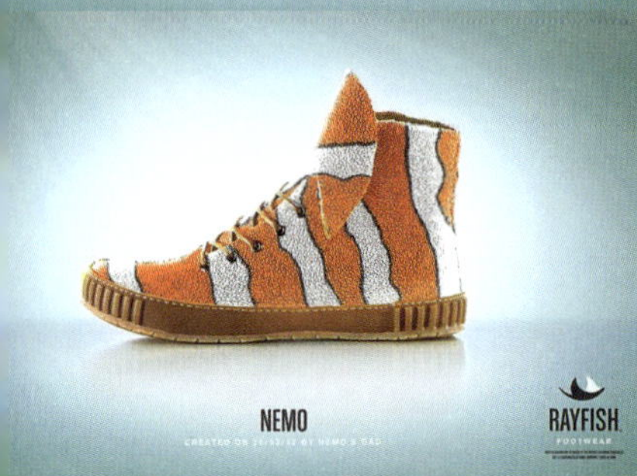
NEMO
RAYFISH
FOOTWEAR

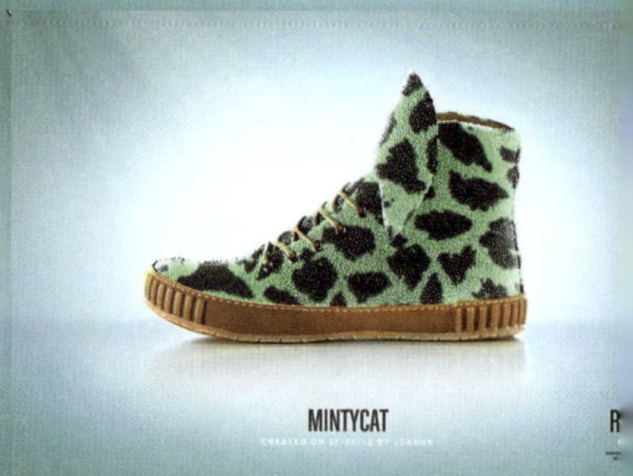
MINTYCAT

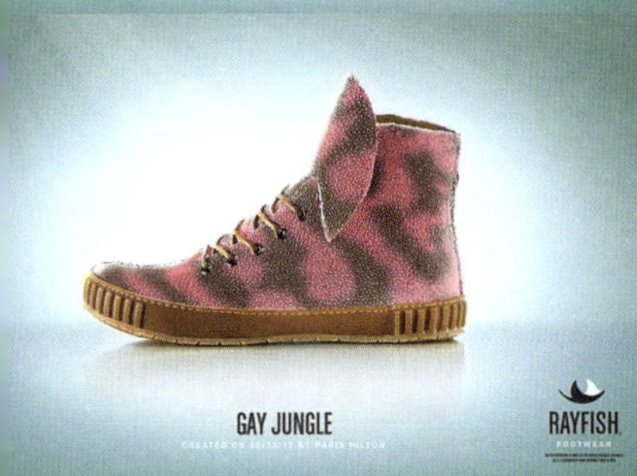
GAY JUNGLE
RAYFISH
FOOTWEAR

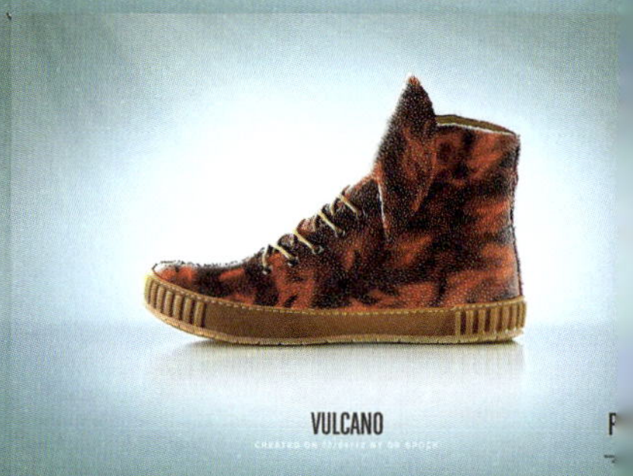
VULCANO

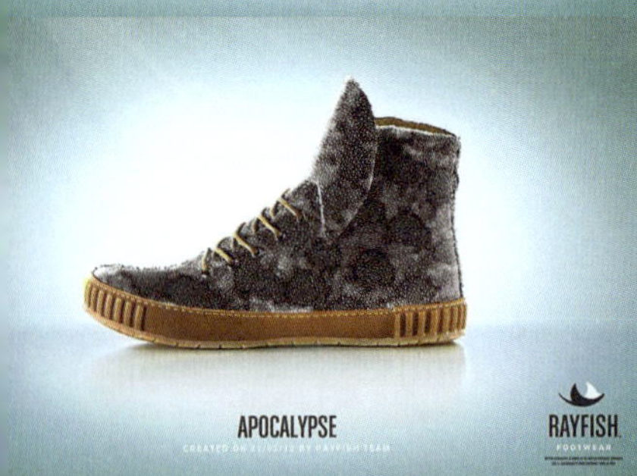
APOCALYPSE
RAYFISH
FOOTWEAR

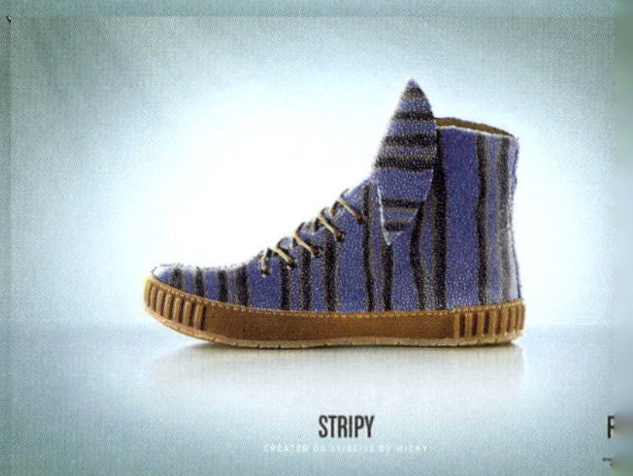
STRIPY

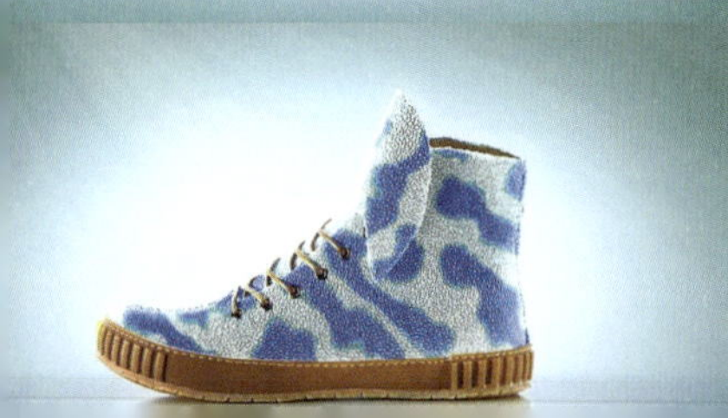

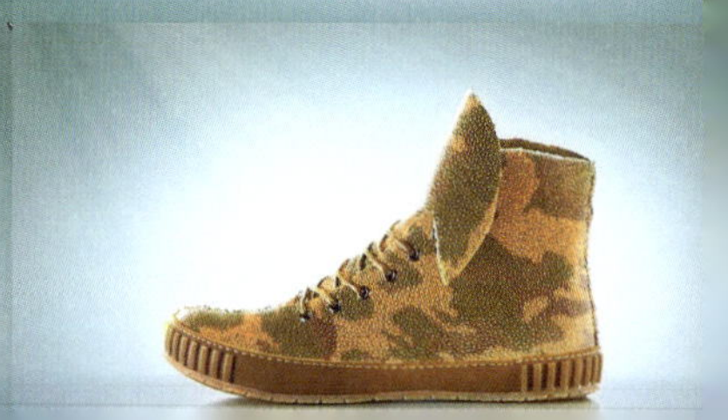

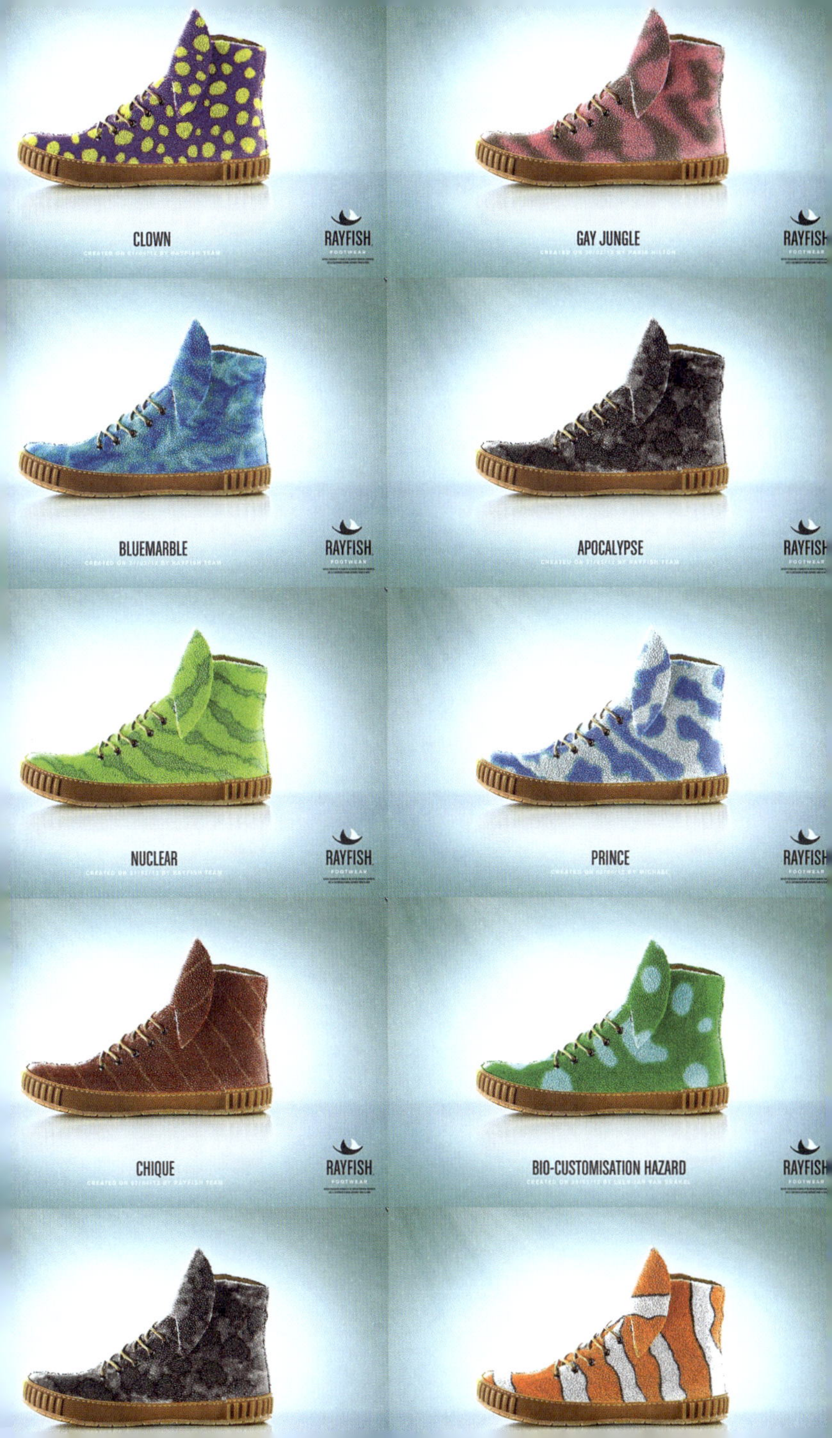
CLOWN
RAYFISH
FOOTWEAR
GAY JUNGLE
RAYFISH
FOOTWEAR
BLUEMARBLE
RAYFISH
APOCALYPSE
RAYFISH
NUCLEAR
RAYFISH
FOOTWEAR
PRINCE
RAYFISH
FOOTWEAR
CHIQUE
RAYFISH
FOOTWEAR
BIO-CUSTOMISATION HAZARD
RAYFISH

Next Nature Network

Rayfish Footwear

2012

In 2012 ontstond in de media een heftig debat over genetisch gemanipuleerde roggen waarvan de huid werd gebruikt voor het maken van lederen schoenen. Het bedrijf Rayfish Footwear lanceerde een design tool op het internet waarmee de gebruikers hun eigen gepersonaliseerde sneakers konden ontwerpen. Zo'n tienduizend mensen maakten er gebruik van. Het commerciële succes van het schoenenbedrijf werd echter gefnuikt door de vele protesten, en uiteindelijk ging de firma failliet. In de making-of-video getiteld *The Rise and Fall of Rayfish Footwear* bekent Next Nature Network dat zij achter de ontwikkeling van deze start-up zaten en onthullen ze dat elk stadium van deze fictieve onderneming in scène werd gezet. Ze verklaarden dat het hun bedoeling was om mensen aan het denken te zetten over de industriële exploitatie van dieren op basis van genetische manipulatie.

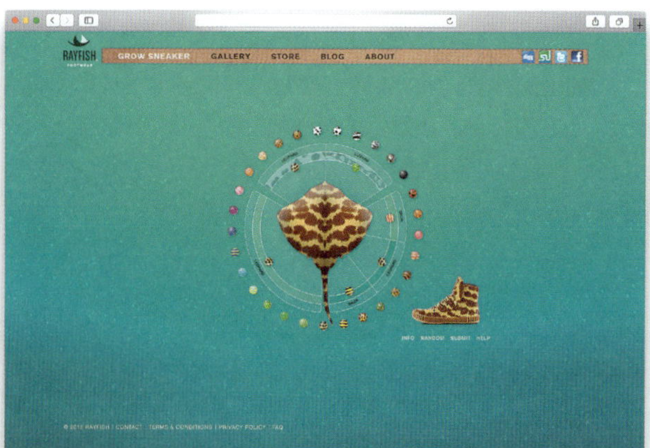

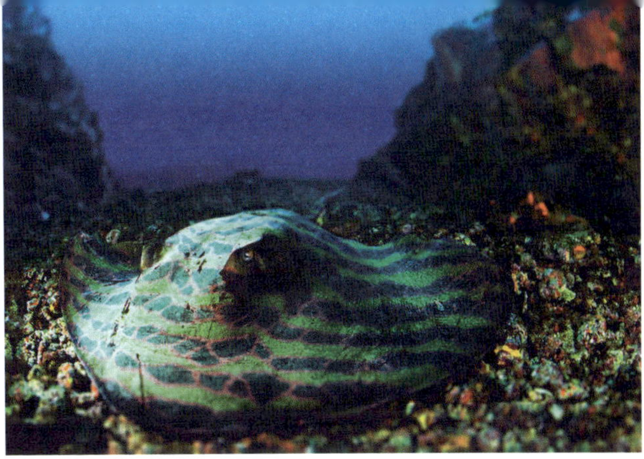

In 2012, debate suddenly flared up in the media about genetically manipulated stingrays whose skin was used as leather to make shoes. The startup company Rayfish Footwear released a design tool on the internet which enabled users to create personalized sneakers – and about 10,000 people took up this offer. But the company's success was marred by protests, and in the end it went bankrupt. In a making-of video entitled *The Rise and Fall of Rayfish Footwear*, Next Nature Network admitted it was behind the startup and revealed that all levels of the fictitious company had been elaborately staged. The declared aim was to make people think about the industrial exploitation of animals based on genetic engineering.

Video, Sound, 2:50 Min.

Schoenen / Shoes

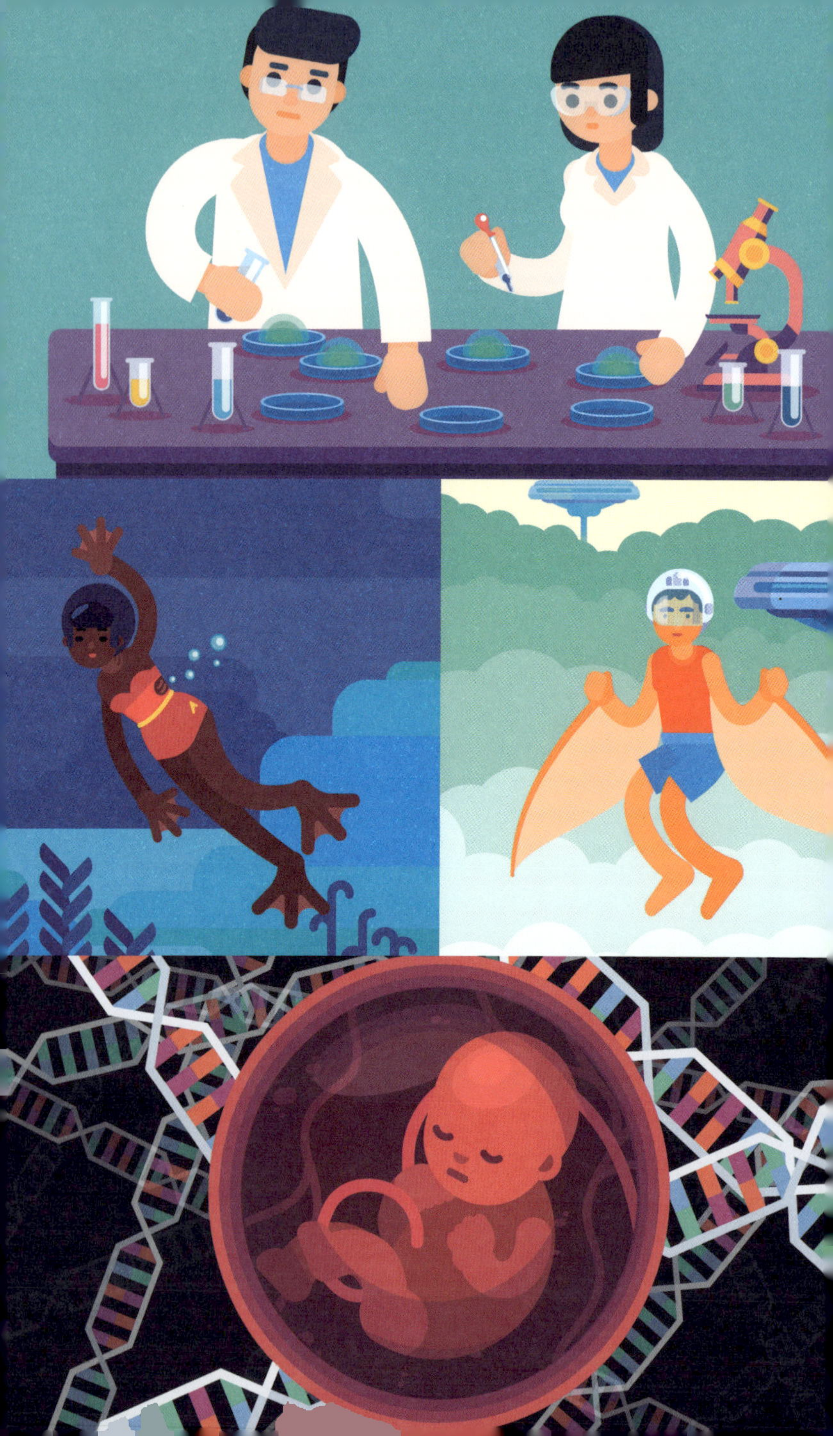

Kurzgesagt – In a Nutshell

Genetic Engineering Will Change Everything Forever — CRISPR

2016

Visuele kennisoverdracht staat centraal in het werk van ontwerp- en communicatiebureau Kurzgesagt – In a Nutshell. Via hun YouTube-kanaal verspreiden ze informatieve animatievideo's waarin relevante thema's voor maatschappelijk debat worden aangehaald. In *Genetic Engineering Will Change Everything Forever – CRISPR* stellen ze een geavanceerde onderzoeksmethode voor die relatief eenvoudig, goedkoop en overal voorhanden is en die geheel nieuwe vragen oproept over de mogelijke gevolgen van genetische manipulatie.

Work at the design and communication studio Kurzgesagt – In a Nutshell centres around the visual transfer of knowledge. Informative videos using animated graphics to address relevant topics of social debate are published on its YouTube channel. In *Genetic Engineering Will Change Everything Forever – CRISPR*, an advanced method of research is introduced which is relatively simple, inexpensive and readily available, raising entirely new questions about the potential effects of genetic engineering.

HD-Video, Sound, 16:03 Min.

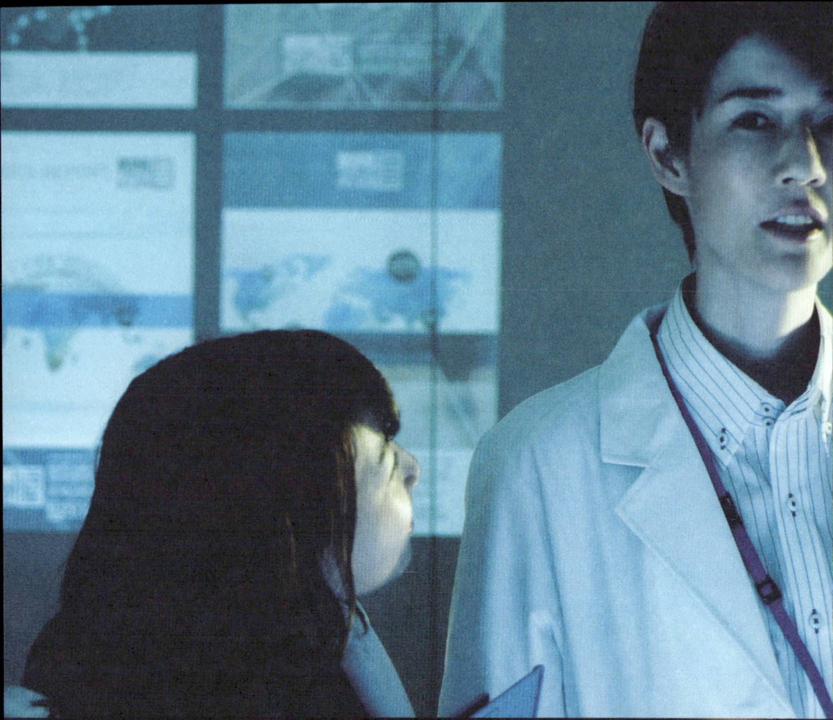

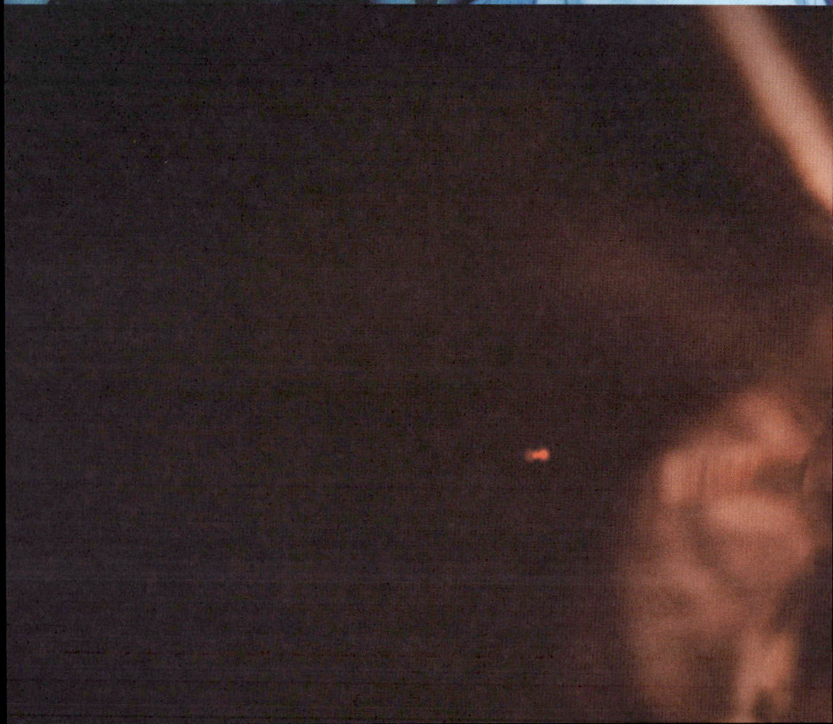

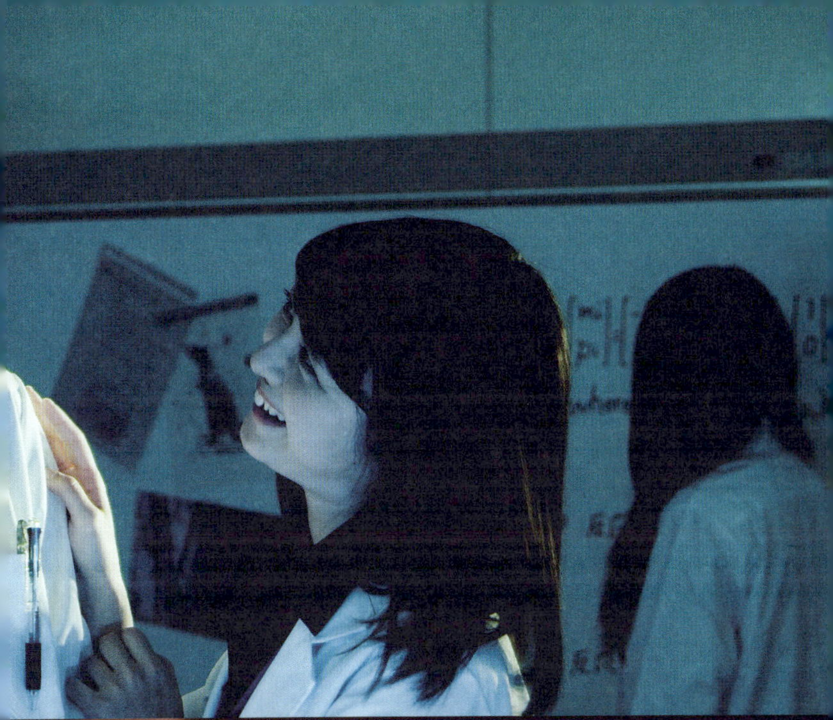

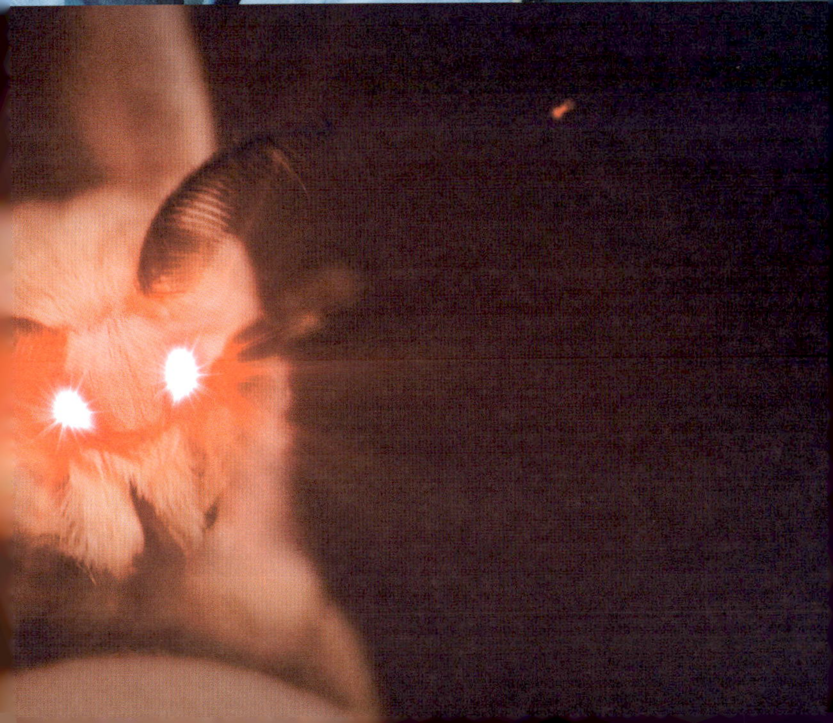

Sputniko

Red Silk of Fate – Tamaki's Crush

2016

De Rode Draad van het Lot is een wijdverspreide legende in Azië, die stelt dat mensen die voor elkaar bestemd zijn verbonden zijn door een onzichtbare rode draad. De Japanse ontwerpster en popartieste Sputniko werkte samen met wetenschappers van het Nationaal Instituut voor Agrobiologische Wetenschappen (NIAS) in Japan om de legende te vertalen naar de werkelijkheid. Ze wijzigden de genetische opbouw van zijderupsen door hun eitjes te injecteren met een hormoon dat de onderlinge sociale banden versterkte en met genen van een roodgloeiend koraal om daadwerkelijk een 'rode (zijden) draad van het lot' te creëren. In een gelijktijdig ontwikkelde muziekvideo, gekenmerkt door de typische esthetiek van de Japanse popcultuur, vertelt Sputniko het verhaal van Tamaki, een geneticus die met behulp van de draad het hart van haar idool tracht te veroveren. Maar mythische krachten lijken haar plan te doorkruisen ...

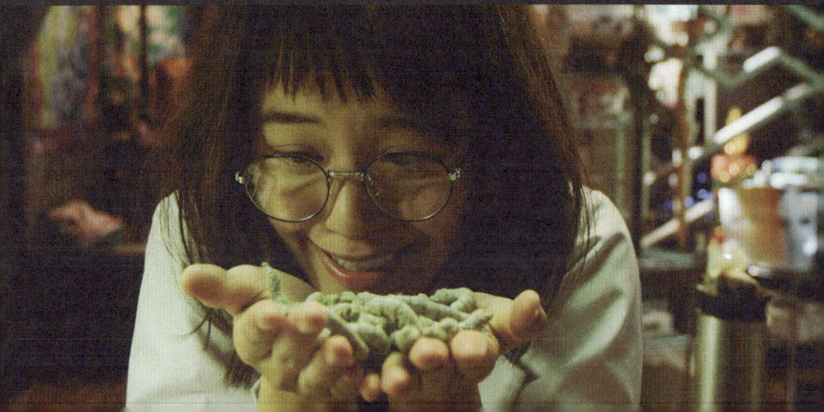

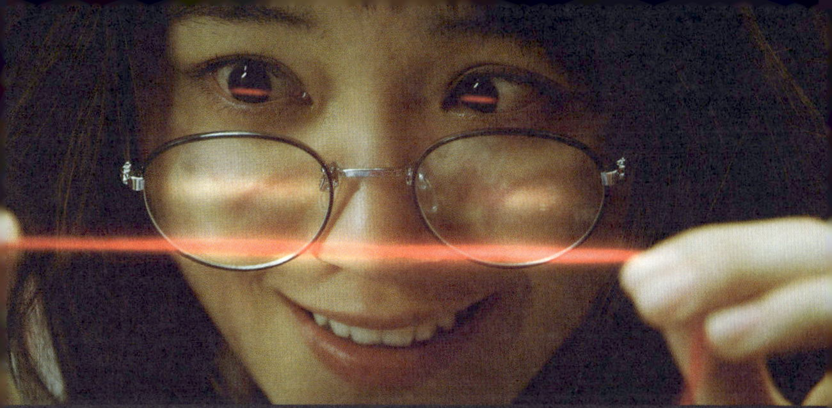

The legend of the *Red Thread of Fate* is widespread in Asia. It says that certain people who are meant for each other are connected by an invisible red cord. Japanese designer and pop artist Sputniko teamed up with scientists from the National Institute of Agrobiological Sciences (NIAS) in Japan to translate this myth into reality. They genetically modified silkworms by injecting eggs with a hormone to strengthen social bonds, as well as genes from a red-glowing coral to create an actual *red (silk) thread of fate*. In a music video developed in parallel using Japanese pop culture aesthetics, Sputniko tells the story of a geneticist called Tamaki who tries to woo her heart-throb with the help of the thread. Yet her plan seems to be foiled by mythical forces...

Video, Sound, 5:09 Min.

Cocons van zijderupsen, zijdedraad, genetisch gemanipuleerd
Silkworm cocoons, silk string, genetically modified
Variabele afmetingen / Variable dimensions
In samenwerking met NIAS Japan / In collaboration with NIAS Japan

Foto / Photo
Variabele afmetingen / Variable dimensions

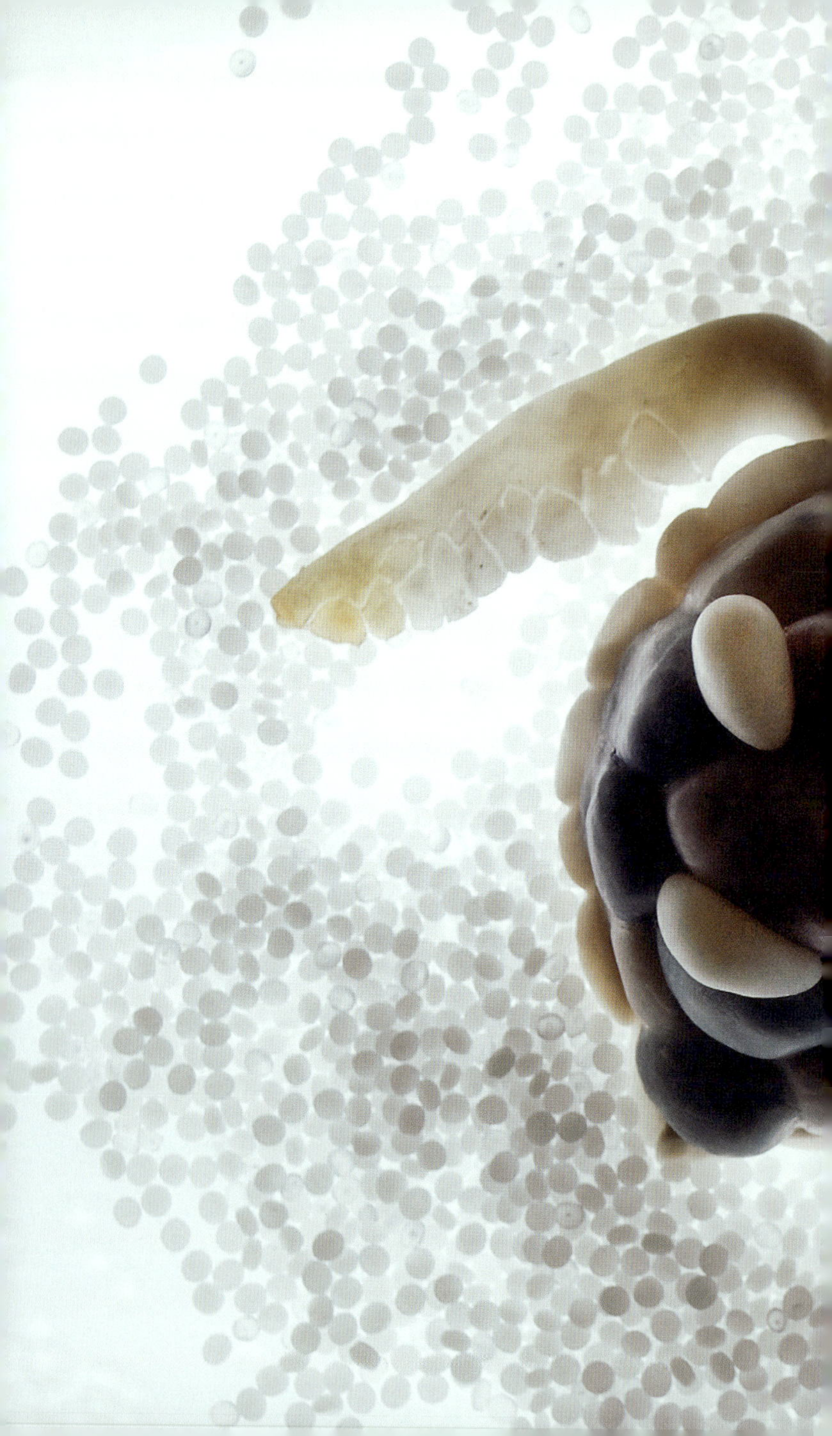

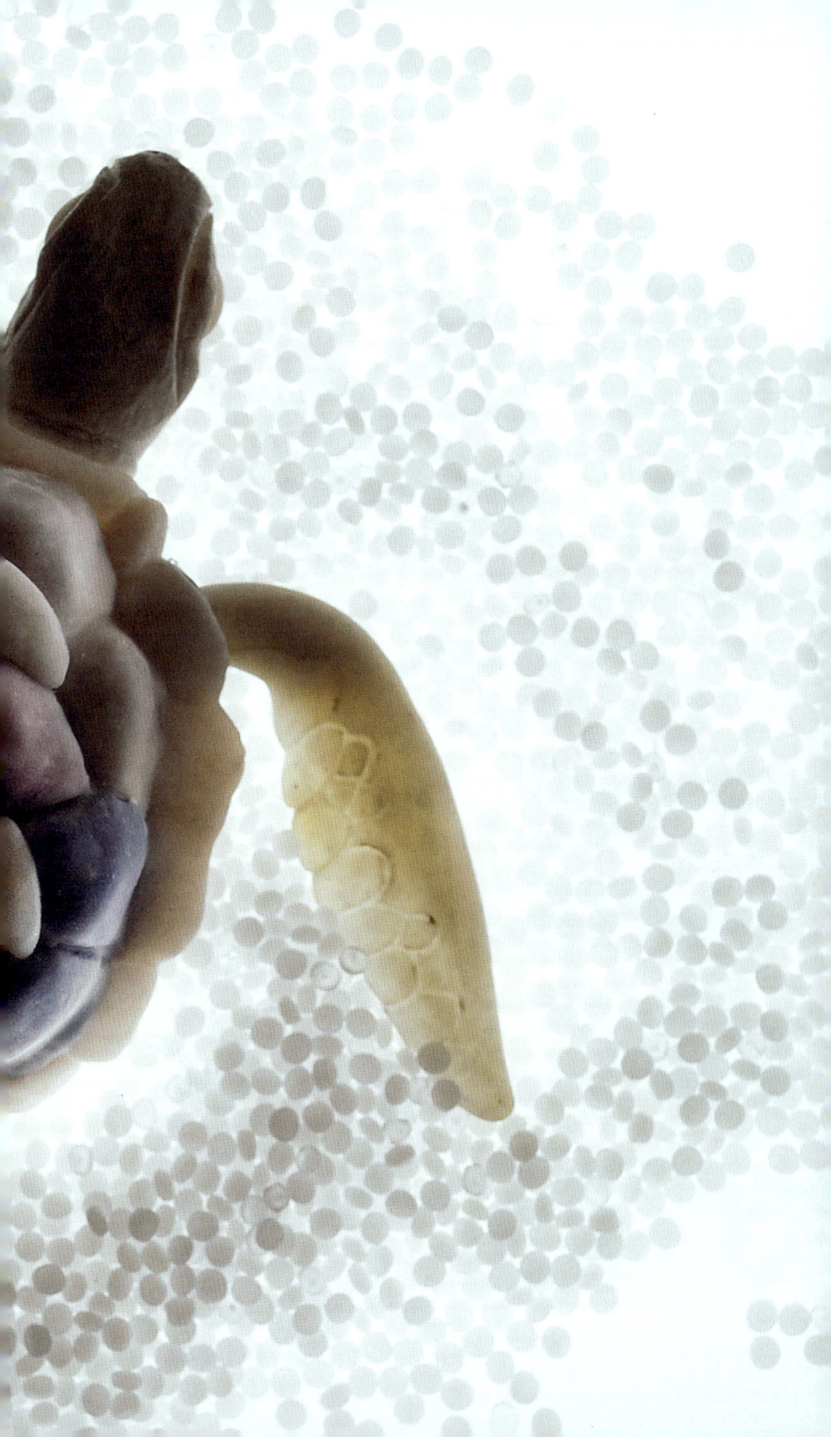

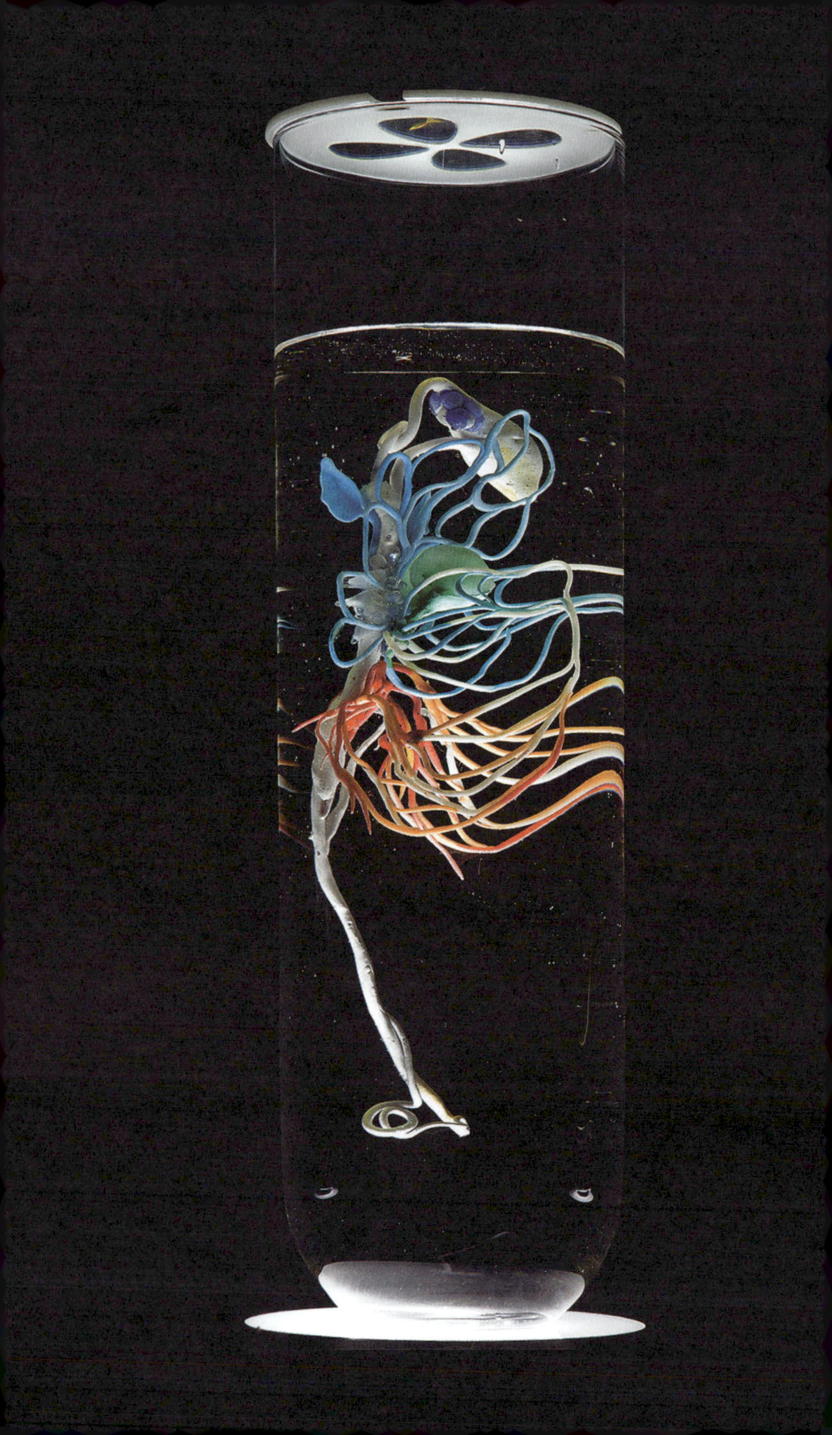

Pinar Yoldas

Ecosystem of Excess

2014

Hoe zullen levende wezens in oceanen die steeds meer vervuild raken door plastic afval in de toekomst veranderen of zich aanpassen? Vanuit een interdisciplinaire aanpak benadert Pinar Yoldas dit alarmerende thema op een ongewone manier. *Ecosystem of Excess* biedt een frisse kijk op het probleem van de milieuvervuiling door een nieuw speculatief ecosysteem te introduceren. We ontdekken er nieuwe diersoorten zoals de *Plastic Balloon Turtle* die zich heeft aangepast aan de reële, steeds prangender wordende problematiek van vervuiling veroorzaakt door de resten van ballonnen, maar ook organismen die plastic kunnen verteren of door middel van speciale sensoren plastic deeltjes kunnen opsporen.

As the oceans become increasingly polluted by plastic waste, how might living things change or adapt as a result? Taking an interdisciplinary approach, Pinar Yoldas addresses this alarming issue in an unusual way. *Ecosystem of Excess* presents a fresh perspective on the problem of environmental pollution by introducing a new, speculative ecosystem. We discover new species such as the *Plastic Balloon Turtle*, which has adjusted to the real, growing problem of contamination caused by the remains of balloons, as well as organs which detect plastic using special sensors or digest it.

Mixed Media
Variabele afmetingen / Variable dimensions

Melanie Bonajo

Progress vs Sunsets

2017

Wat zou jij doen wanneer je alleen zou ontwaken in de wildernis? Zijn mensen dieren? Hebben dieren recht op privacy? En kunnen we grappige dierenvideo's de ruimte insturen om aliens kennis te laten maken met het ecosysteem op aarde? Deze en andere vragen stelt Melanie Bonajo in haar film *Progress vs Sunsets*. In een gesprek met kinderen legt ze uit hoe onze verhouding tot de natuur aan het veranderen is door de vele natuurfoto's en -video's die op het internet verschijnen en die gemaakt zijn door amateurfotografen. Complexe thema's zoals dierenrechten, biopolitiek, slinkende natuurlijke rijkdommen en fenomenen zoals *Knut de ijsbeer* worden op een subtiele manier ter discussie gesteld in kleurrijke audiovisuele montages zodat pas in tweede instantie, maar dan wel klaar en duidelijk, de vervreemding tussen mens en dier zichtbaar wordt.

What would you do if you woke up alone in the wilderness? Are humans animals? Do animals have a right to privacy? And can we send *funny* animal videos into space to inform aliens about the Earth's ecosystem? These and other questions are asked by Melanie Bonajo in her film *Progress vs Sunsets*. Talking to children,

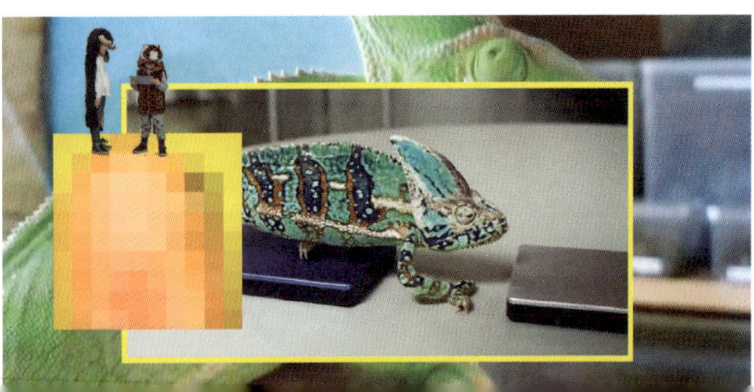

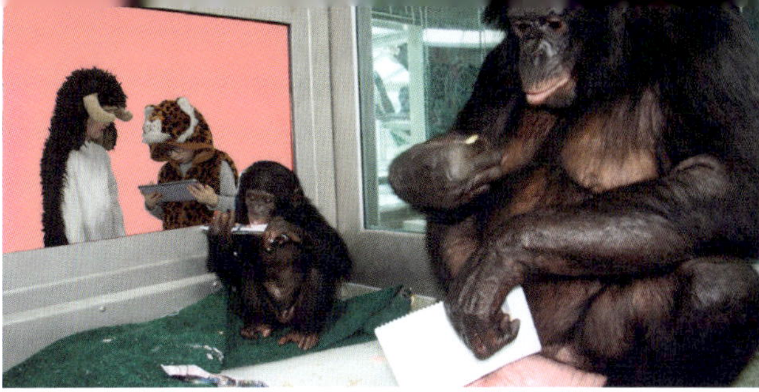

she explains how the relationship with nature is changing because of the spread of amateur nature photographs and videos on the internet. Complex issues regarding animal rights, biopolitics, dwindling resources and phenomena like *Knut the polar bear* are subtly raised for discussion in colourful audio-visual montages so that the alienation between humans and animals only appears at second glance – but then all the more clearly.

HD 1-kanaal video / HD one-channel video, Sound, 48:00 Min.

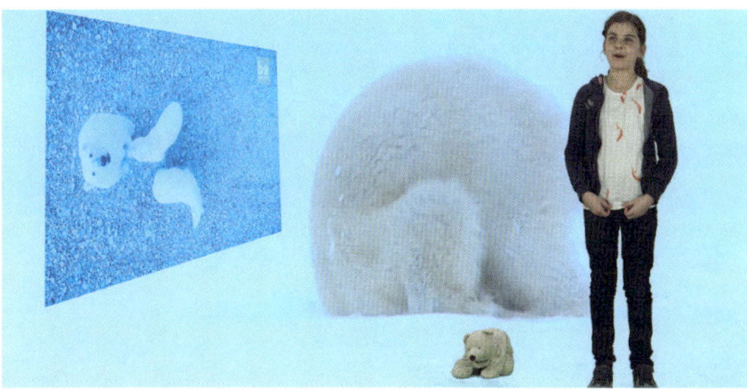

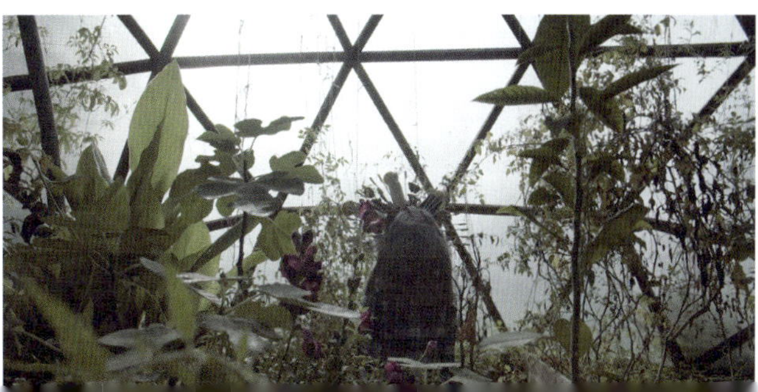

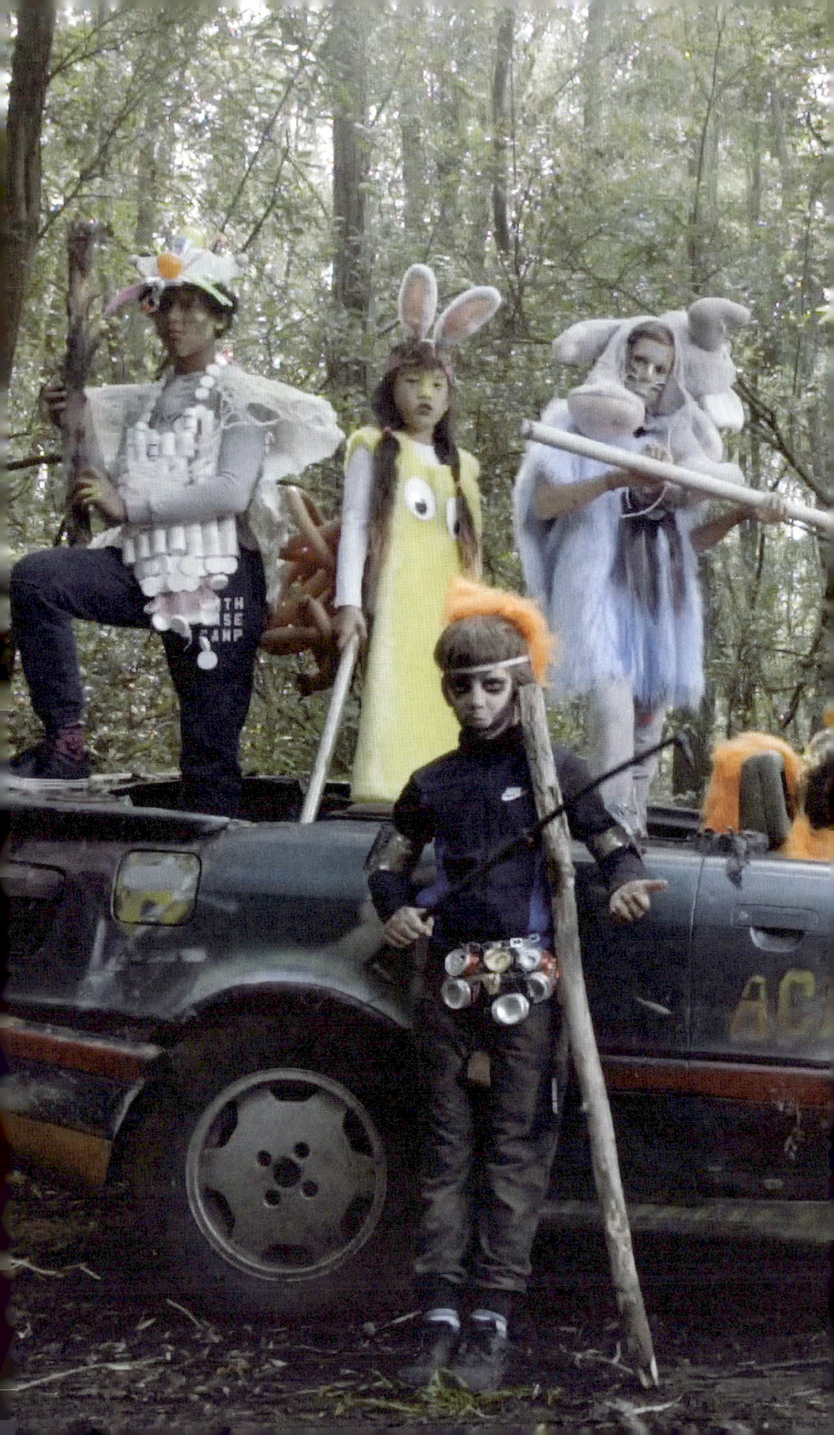

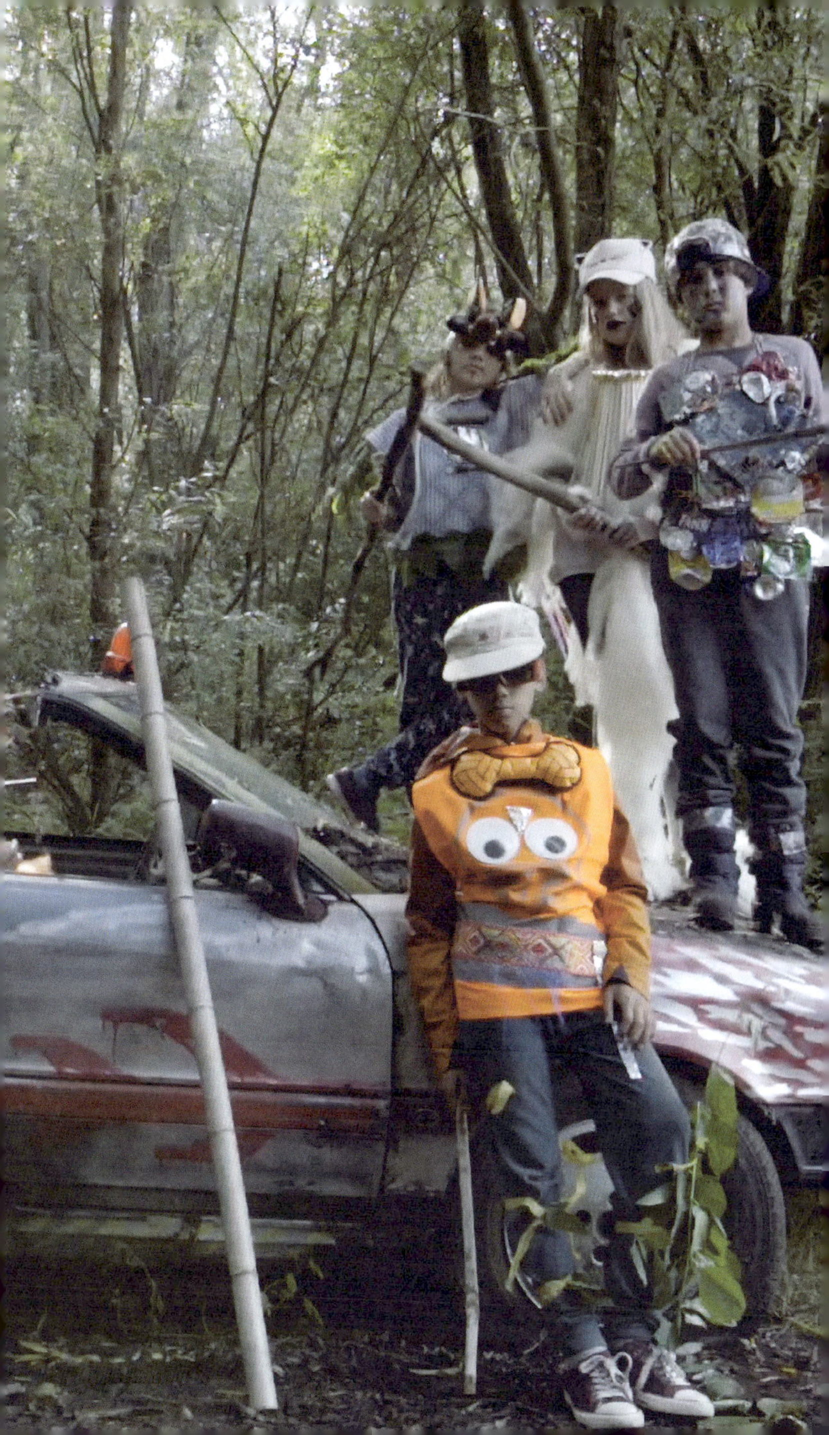

Er begon een wedloop in de bossen. Het liep er vol dieren. Ik trachtte orde te scheppen.

Franz Kafka

A race began in the woods. The whole place was full of animals. I tried to establish order.

Franz Kafka

Elio Caccavale

(Buiten)gewone dieren

Verhoudingen tussen menselijke en niet-menselijke dieren in tijden van genetische manipulatie

We worden omringd door dieren. We zijn zelf dieren. Ons menselijk bestaan is zeer nauw verweven met de levens van andere dieren. Sommige dieren werden vroeger aanbeden als goden of beschimpt als kwade geesten. Ze werden respectvol gekweekt als voedsel en gruwelijk afgeslacht louter voor de sport. Terwijl we sommige diersoorten misbruiken of mishandelen, nemen we andere in huis en krijgen ze de status van gezinslid. We wassen ons met producten die op dieren werden getest en we nemen medicijnen ontwikkeld op basis van dierenmodellen. We bezoeken dierentuinen en dolfinaria waar we dieren gaan bekijken en ons laten vermaken door de dierenshows. Het zijn maar enkele van de vele manieren waarop de menselijke en niet-menselijke wereld met elkaar verbonden zijn. Mensen zijn – letterlijk en figuurlijk – afhankelijk van dieren. En die verhouding vertelt een fascinerend verhaal dat enerzijds bijzonder merkwaardige en anderzijds zeer vertrouwde aspecten oproept.

Bijna tweehonderd jaar geleden stelde Charles Darwin de onoverkomelijke grenzen van de soort in vraag. Met zijn evolutietheorie toonde hij aan dat de mens niet als een uniek wezen werd geschapen maar verwant is met de dieren waarmee de mens een continuüm vormt – zoals met alle levensvormen op aarde. Vandaag weten we dat mensen en dieren genetisch en gedragsmatig veel gemeen hebben. Nieuwe onderzoeken binnen verschillende takken van de wetenschap overschrijden steeds vaker de grens tussen menselijke en niet-menselijke dieren, en reiken nog veel verder dan de bevindingen van Darwin. In de voorbije jaren zijn er steeds meer nieuwe technologieën ontstaan voor het genetisch produceren, manipuleren en patenteren van niet-menselijk leven. Nieuwe methodes van genetische manipulatie en artificiële productie verruimen de modaliteiten van de verhoudingen tussen mens en dier: in plaats van onze moderne afscheiding van de dierenwereld te bestendigen, bevestigen ze veeleer onze verwevenheid met niet-menselijke levensvormen. Genetische manipulatie kan evenzeer de verhoudingen tussen individuen die behoren tot eenzelfde soort of populatie fundamenteel veranderen als de verhoudingen tussen verschillende soorten, tussen genetisch gemanipuleerde dieren en de door hen geproduceerde producten en uiteindelijk tussen mensen onderling.

In de eenentwintigste eeuw wordt veelvuldig onderzoek verricht naar het ontwikkelen van niet-traditionele materialen voor menselijk gebruik door het genetisch manipuleren van dieren. Die toepassingen kunnen ruwweg worden onderverdeeld in drie categorieën: biofarmaceutische producten (pharming) voor mensen en dieren; levende cellen, weefsels en organen; en grondstoffen die kunnen worden verwerkt in andere nuttige producten. Met name het procedé van xenotransplantatie (het transplanteren van levende cellen, weefsels of organen van dieren in het menselijk lichaam) leidt tot nieuwe configuraties van diersoorten die de grens tussen menselijke en niet-menselijke wezens nog verder destabiliseren en nieuwe modi van intimiteit en afhankelijkheid van niet-menselijke dieren, zoals varkens, doen ontstaan. Omdat mensen behoren tot de primaten zou je logischerwijs veronderstellen dat, gezien onze fysiologische gelijkenissen, het donororgaan voor xenotransplantatie afkomstig is van een ander lid van de familie van de primaten (zoals chimpansees of bavianen). Toch werden niet-menselijke primaten uitgesloten als donoren omdat ze met grotere waarschijnlijkheid dan andere dieren drager kunnen zijn van virussen die overdraagbaar zijn op de mens. Varkens daarentegen, die werden gekweekt in een kiemvrije omgeving, worden reeds tientallen jaren routinematig en zonder risico gebruikt voor geneeskundige doeleinden. Het bekendste voorbeeld is het gebruik van kunsthartkleppen. Bovendien geldt dat hoe hoger een dier is geplaatst op de fylogenetische stamboom, hoe waarschijnlijker het is dat het net als de mens een ethisch besef van welzijn, respect, waardigheid en zelfbeschikking vertoont. Ondanks de duidelijke medische noodzaak, in het bijzonder aan donororganen, werpt een dergelijke visie die onze relatie met andere diersoorten in vraag stelt fundamentele filosofische en ethische problemen op.

De idee dat er een duidelijke grens is tussen mensen en dieren is nog steeds diepgeworteld in onze cultuur. Toch wordt dat onderscheid steeds problematischer gemaakt door genetische manipulatie en de mogelijkheid tot het creëren van chimaeren (het mengen van embryonale cellen van verschillende soorten) en genetische hybriden (waarbij genetisch materiaal van verschillende soorten in een genoom wordt ingebracht). De moderne wetenschap is er vandaag in geslaagd om de genetische informatie te manipuleren die aan de basis ligt van het ontwikkelingsproces van alle levensvormen. Door complexe methodes toe te passen (recombinant DNA, celfusie) kan genetische informatie van niet-verwante soorten worden ingebracht, verwijderd, of zelfs aan mekaar gekoppeld en versmolten worden, waardoor geheel nieuwe levensvormen ontstaan. Dat doet bij veel mensen een diepgewortelde angst ontstaan waarover in de media uitvoerig wordt bericht en gediscussieerd, als een afwijzing van het onnatuurlijke, als angst voor het vreemde of het gevaarlijke. Anderzijds moeten we erkennen dat de menselijke cultuur al sinds mensenheugenis gefascineerd is door verzonnen creaturen die kenmerken van verschillende dieren verenigen, of die een mengvorm zijn van mens en dier, zoals griffioenen en centauren. Dergelijke hybride wezens stellen onze neiging tot categorisering in vraag en dwingen ons na te denken over de fundamentele aspecten van de biologische en fysieke eigenheid van de mens.

Verschillende concepten en ideeën, die plausibele (en soms ook fantastische) scenario's verkennen, kunnen ons helpen om de menselijke aard en de wisselwerking ervan met de wereld te begrijpen. Daarom is de analyse van de verhoudingen tussen menselijke en niet-menselijke wezens even essentieel als het bestuderen van de menselijke, persoonlijke, filosofische, esthetische, technologische en socioculturele antwoorden die kunst en design hiervoor hebben ontwikkeld. We hebben behoefte aan nieuwe tools om de eigentijdse betekenissen te onderzoeken die door deze verhoudingen tussen menselijke en niet-menselijke wezens ontstaan. Als onderzoeker en docent binnen de wereld van het design ben ik bijzonder geïnteresseerd in de rol die objecten kunnen spelen in het filosofische en ethische debat. Op die manier kunnen kunstenaars en designers een bijdrage leveren aan de discussies rond de vreemde en wonderlijke manieren waarop en middelen waarmee we onze verhouding tot andere dieren hebben onderzocht, opgebouwd en gerechtvaardigd.

Extra/Ordinary Animals

Human/Nonhuman Relationships in the Age of Genetic Engineering

We are surrounded by animals. Indeed, we are animals ourselves. As humans, our existence is closely connected with the lives of other animals. Some have acquired godlike status and others are reviled as evil spirits. They are respectfully farmed for food, and inhumanely killed for sport. While some animal species have been abused or mistreated, others have been taken into our homes and treated like family members. We wash our bodies with products that have been animal tested, and use drugs that were developed using animal models. We visit zoos and marine parks to be amused or entertained. Undoubtedly, in so many ways, the human and nonhuman worlds are interconnected: humans are dependent on animals – literally and figuratively. And this relationship provides a fascinating account of the incomparably strange and the utterly familiar.

Charles Darwin's theory of evolution, published in 1859, challenged the notion of an absolute species. He demonstrated that humans are related to animals rather than unique, placing us on a continuum with other animals, and, furthermore, all life on Earth. We now understand that there are numerous ways in which humans and animals are genetically and behaviourally similar. Across a range of scientific fields, research today is crossing the boundaries between human and nonhuman animals, going well beyond Darwin's discoveries. This is mostly due to the increased use of new technologies for producing, manipulating, and patenting non-human life genetically. Indeed, these new forms of genetic engineering and artificial production expand the modalities of human-animal relations: far from continuing our *modern* isolation from animals, it ensures our entanglement with nonhuman life. Genetic engineering can lead to fundamental changes in the relationships between individuals of the same species or different species, between engineered animals and the products produced by them, as well as between humans.

In the twenty-first century, there are many research efforts underway to develop nontraditional materials for human needs using genetically engineered animals. Such uses can be broadly divided into three categories: biopharmaceuticals (or pharming) for both animal and human use; live cells, tissues, and organs; and raw materials for processing into other useful products. In particular, xenotransplantation (the transplantation of living cells, tissues or organs from animal to human bodies) produces new configurations of species, which further destabilizes the boundary between the human and the nonhuman, and causes new modes of intimacy and codependency. Humans are primates, so you would assume that because of our physiological similarities the donor animal would be another member of the primate family (chimpanzees and baboons, for instance). Yet nonhuman primates have been excluded as donors as they are most likely to carry viruses capable of infecting humans. Pigs, however, raised in a clean environment have been routinely and safely used for medical purposes for decades; the use of heart valve xenotransplantation is the most known example. Pigs also share an empathic inclination with humans: the higher the animal in the phylogenetic scale, the more likely they are to demonstrate a common sense of well-being, respect, dignity and autonomy. Nevertheless, and although the human medical needs are unquestionable, particularly the demand for organs, such an approach raises major philosophical and ethical questions.

The idea that there is a clear distinction between humans and animals is deeply rooted in our culture. Yet increasingly, genetic engineering with its ability to create chimeras (mixing embryonic cells from different species) and genetic hybrids (incorporating genetic material from different species to form a particular genome) makes this distinction problematic. Scientists can now manipulate the genetic information that plays a part in the developmental process of all life forms. Using sophisticated recombinant DNA and cell-fusion processes, genetic information from unrelated species can be inserted, deleted, or even stitched and fused together, creating forms of life that never existed before. This has provoked deep anxiety among many, an anxiety that has been extensively described and discussed in thc media as *unnatural* and fueled by a fear of the *alien* or the *dangerous*. Since ancient times, however, human culture has been fascinated by fictional creatures that combine features from different animals, or animals mixed with humans, such as griffins and centaurs. Such hybrids challenge our understanding of categorization, and provide us with a catalyst for thinking about the fundamental aspects of our biological and physical human nature.

By engaging with a variety of concepts and ideas exploring plausible (even at times fantastical) scenarios, we can try to figure out something else about human nature and its interrelationships with the world. The exploration of human / nonhuman relationships and our personal, philosophical, aesthetic, technological and sociocultural responses to them through art and design is to be welcomed. We need novel ways of exploring contemporary meanings raised by human / nonhuman relationships. As a design researcher and design educator, I am particularly interested in the role that objects may play for philosophical and ethical inquiry. It is for this reason that I believe artists and designers can actively participate in the debate surrounding the weird and wonderful ways in which we have explored, constructed and established our relationships with other animals.

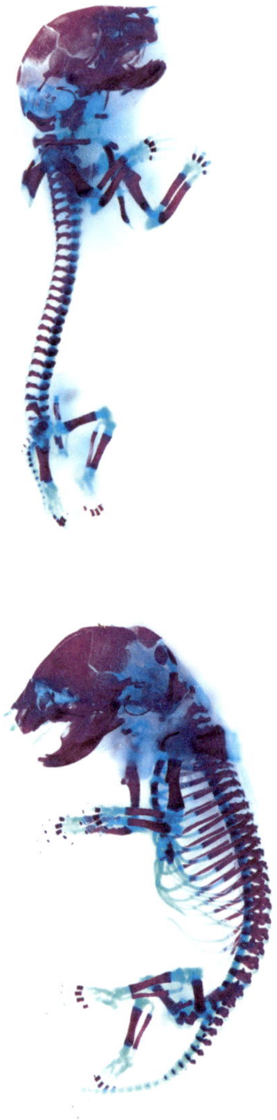

Ribbenloos muizenembryo, resultaat van het uitschakelen van een *HOX-gen* dat een rol speelt bij de vorming van ribben. / Ribless mouse embryo as a result of knocking out a *Hox gene*, that plays a role in the formation of ribs.

Richard Pell, Center for PostNatural History

Een korte inleiding tot de geschiedenis van het postnatuurlijke

Al vele duizenden jaren maakt de mens gebruik van technieken als domesticatie, selectieve kweek en, meer recent, genetische manipulatie om de morfologie en het gedrag van levende wezens ingrijpend te veranderen. Die veranderingen zijn niet zelden specifiek cultuurgebonden en bieden een blik in de onuitgesproken verlangens en angsten van de mens. Het zijn sporen van cultuur in de natuur. Het begrip 'postnatuurlijk' verwijst naar antropogene ingrepen in het evolutieproces die zowel opzettelijk als erfelijk zijn, ongeacht welke de potentiële ongewenste gevolgen ervan kunnen zijn. Als concept omschrijft het postnatuurlijke de doelgerichte en blijvende wijziging van levende wezens, een wijziging die meerdere fases omvat.

Fase 1: Beheersing van de habitat

Postnatuurlijke veranderingen beginnen bij de mens wanneer die de verantwoordelijkheid voor de habitat van een andere soort overneemt. Door samen te leven met die diersoorten of door het bouwen van een omheining ter bescherming tegen roofdieren wijzigt de mens de natuurlijke selectiedruk op een organisme. Daardoor ontstaan fysieke kenmerken en gedragingen die in de vrije natuur onmiddellijk door natuurlijke selectie zouden worden geëlimineerd. Vergeleken met hun natuurlijke of in het wild levende soortgenoten ontwikkelen dieren die in gevangenschap zijn gekweekt bijvoorbeeld veel vaker de sneeuwwitte vacht die zo kenmerkend is voor albino's. Dat fenomeen wordt misschien het best belichaamd door de witte laboratoriumrat, waarvan de oorsprong symbool staat voor een microkosmos van het postnatuurlijke. In het begin van de negentiende eeuw werden grote steden zoals Londen en New York geteisterd door een rattenplaag. In het publieke bewustzijn werden ratten, zoals vroeger, nauw geassocieerd met de pest, en het vangen en doden van deze dieren werd een lucratieve onderneming. De gevangen ratten werden gebruikt voor dierengevechten: in donkere kroegen verzamelden mannen zich rond een grote houten kooi en werd gewed op de tijd die een hond nodig zou hebben om honderd ratten te doden.

Dit tijdverdrijf – ontstaan als een commerciële strategie om de rattenplaag in te dammen – werd zo populair dat ratten ervoor speciaal op grote schaal werden gekweekt: het was wellicht de eerste maal in de geschiedenis dat er doelgericht ratten in gevangenschap werden gekweekt. Af en toe werd een albino rat geboren die dan als rariteit apart werd gehouden. In het wild vormen dieren met een witte vacht tegen een donkere achtergrond een makkelijke prooi voor roofdieren, maar in de postnatuurlijke habitat van de rattenkweker kon de ongewone verschijning van een albinorat ervoor zorgen dat het dier niet aan de honden werd overgeleverd.

Fase 2: Beheersing van de voortplanting

Het duurde niet lang of deze uiterlijk 'reine' witte ratten verloren hun culturele associatie met de pest en alles wat vuil was. In het Victoriaanse tijdperk werden ze door vrouwen als huisdier gehouden en kregen ze een nieuw imago van *fancy rat* (tamme rat). De rattenkweek die in de negentiende eeuw zeer populair was bleek gefascineerd door de esthetiek van nieuwe vachtkleuren en patronen die ontstonden door het kruisen van zwarte, bruine en albinoratten. Deze populatie van selectief gekweekte ratten vormde in de twintigste eeuw de fundamentele basis voor experimenten in de genetische onderzoekslaboratoria.

Selectieve kweekprogramma's hebben geleid tot een spectaculaire versnelling van de postnatuurlijke veranderingsprocessen. Door het kweken van planten en dieren in gevangenschap gaat de mens een ingrijpende rol spelen bij de voortplanting van andere soorten. Raszuivere honden zijn een duidelijk voorbeeld van dat fenomeen: subtiele kenmerken die zo'n honderd jaar geleden karakteristiek waren voor een bepaald geliefd hondenras werden al snel op een haast karikaturale wijze uitvergroot. Bij sommige hondenkwekers bestaat nog steeds een hardnekkig streven naar raszuiverheid, waarbij dieren die niet alle typische 'raszuivere' kenmerken vertonen worden afgemaakt of gesteriliseerd. In sommige gevallen brachten zeer gewaardeerde, door inteelt verkregen eigenschappen de gezondheid van de dieren in gevaar. Zo is bijvoorbeeld de schedel van de Engelse buldog in de voorbije honderd jaar zo groot geworden dat de meeste puppy's alleen door middel van een keizersnede ter wereld kunnen worden gebracht.

Fase 3: Genetische manipulatie

Met de opkomst van de genetische manipulatie op het einde van de twintigste eeuw werd het proces van postnatuurlijke verandering drastisch versneld. Wetenschappers waren niet langer gebonden door toevallige mutaties of beperkingen van kweekprogramma's maar konden nu het DNA van organismen direct manipuleren. Een van de eerste technieken die werden ontwikkeld was het aan- of afzetten van een specifiek gen. Deze techniek van de *gen knock-out* – die vandaag de dag nog vaak wordt toegepast – is nuttig om een inzicht te krijgen in hoe een bepaald gen functioneert. Hoewel door het ingrijpen in één enkel gen meestal geen zichtbaar gewijzigd organisme ontstaat, kunnen genen die de vorming van patronen in het vroegste stadium van de ontwikkeling van het lichaam beïnvloeden een ingrijpend effect hebben op het uitzicht van een organisme.
In het labo van dr. Moisés Mallo in Portugal werden HOX-genen, die

bepalend zijn voor de patroonvorming tijdens de embryonale ontwikkeling, gewijzigd in de embryo's van muizen, wat vervolgens zeer uiteenlopende resultaten opleverde.

Postnatuurlijke veranderingen zijn het resultaat van een complex onderhandelingsproces tussen wat de mens verlangt, de vitaliteit van levende organismen – die luisteren naar hun eigen wetten – en stom toeval. Het is onmogelijk om nauwkeurig te voorspellen wat het specifieke gevolg zal zijn van een bepaalde handeling. Het is evenzeer onmogelijk om een ingreep in een organisme los te koppelen van de daardoor ontstane ecologische gevolgen. Tussen beide bestaat er een constante wisselwerking die wordt aangestuurd en gevoed door de specifieke verlangens van de mens.

De intentionaliteit van de mens is een wazig construct gezien de conflicten en innerlijke tegenstrijdigheden die de interpretatie van culturele activiteiten met zich brengt. Daarom situeert het postnatuurlijke zich buiten de zuivere wetenschappen en verplaatst het zich naar de sfeer van de menselijke cultuur. In een bibliotheek zou dit vakgebied niet geklasseerd zijn onder ecologie, biologie en zelfs niet onder het *Antropoceen*, maar zouden we het terugvinden in boeken over alle vakgebieden zoals textiel, architectuur, techniek, krijgsgeschiedenis, landbouw, design, religie, sport, muziek, kunst en erotiek. Het postnatuurlijke behoort tot de oudste vormen van culturele productie en is evenzeer aanwezig in holwoningen uit het stenen tijdperk als in onze gehuurde woningen, biologische moestuintjes en industriële plantages. We kunnen er net zo min aan ontsnappen als aan onszelf.

A Brief Introduction to PostNatural History

For millennia human beings have harnessed domestication, selective breeding and, more recently, genetic engineering to dramatically alter the morphology and behavior of the living world. These changes are often culturally specific – windows into unspoken human desires and fears, the culture within nature. The *postnatural* refers to anthropogenic interventions into evolution that are both intentional and heritable, regardless of potential, subsequent and unintentional consequences. It is a conceptually inclined adjective used to describe the purposeful and permanent modification of living species. And it happens in stages.

Stage One: Habitat Control

Postnatural changes begin when humans take responsibility for the habitat of another species. By cohabiting with or building a fence to protect it from predators, humans modify the *natural* selection pressures on the organism. This allows for physical traits and behaviours to emerge that would quickly be selected out in the wild. For example, animals bred in captivity are far more likely to express the stark white fur of albinism than their *natural* or wild counterparts.

This whiteness is perhaps most iconically embodied by the white laboratory rat. Its origin story is a microcosm of all things postnatural. By the early nineteenth century, rats were plaguing large cities like London and New York. The association of rats with the plague still lies heavy in the public consciousness, and rat catching and killing had become a viable career option. The captured rats were used in a blood sport known as rat-baiting. In dark taverns, men would gather around a large wooden pen and bet on how long it would take for a dog to kill one hundred rats.

Developed as an entrepreneurial rat abatement strategy, the sport proved so popular that it inadvertently created a cottage industry in rat breeding; it was perhaps the first time in history that rats were intentionally bred in captivity. Occasionally, an albino rat would be born and set aside as an oddity. In the wild, stark white fur against a dark ground makes an easy meal for a predator, but in the post-natural habitat of a rat breeder's care, the sheer novelty of an albino specimen could help save it from the dogs.

Stage Two: Reproductive Control

It wasn't long before the outwardly *clean* white rats were shed of their cultural association with filth and the plague and transformed into the pets of Victorian women who rebranded them as *fancy rats*. The popular nineteenth-century activity of rat fanciers fetishized the aesthetics of novel coat colors and patterns that emerged from *mixing* black, brown and albino rats. It is these populations of selectively bred rats that become the foundational stock of the genetics research labs of the twentieth century.

Selective breeding dramatically accelerates postnatural change. By breeding plants and animals in captivity, humans play a curatorial role in the reproductive life of other species. Purebred dogs are an especially visible example of this phenomenon: traits that were once subtle signifiers of a cherished breed one hundred years ago have rapidly become cartoonish exaggerations of themselves. Eugenic concepts of racial purity still persist among some dog breeders who will cull or sterilize dogs that do not exhibit all of the textbook traits that have been assigned to the *pure breed*. In some cases, highly awarded inbred traits put the basic health of the animal at risk. For example, the skulls of English Bulldogs have grown to such an extent over the last one hundred years that most females can only give birth through caesarean section.

Stage 3: Genetic Engineering

With the advent of genetic engineering in the late twentieth century, the rate of postnatural change underwent a dramatic increase. No longer limited to emergent mutations or constrained by the realities of breeding, scientists were able to directly manipulate the DNA of organisms. One of the first techniques developed was the ability to turn an individual gene *on* or *off*. Still a common practice, *knocking out* a gene is useful in beginning to understand the function of an individual gene. While the vast majority of single-gene changes do not manifest into a visibly altered organism, genes that influence pattern formation in early body development can have a dramatic effect on the appearance of an organism. For example, in the lab of Dr. Moisés Mallo in Portugal, developmental pattern formation genes – known as HOX genes – were altered in embryonic mice with wildly diverging results.

Postnatural changes are a product of a complicated negotiation between human desire, the autonomous vitality of living organisms, and simply contingency. It is impossible to predict with any degree of specificity what the consequence of any single action will be. It is also impossible to separate the changes made to an organism's biology from the resulting changes to its larger ecology. They continually create one another – with human desire as the fuel in the engine, just as nitrogen is in the soil.

Human intentionality is a blurry construct, accompanied as it is by all the conflicts and internal contradictions that emerge from the interpretation of cultural work. This situates the postnatural outside the realm of pure science, veering into the zone of human culture. If we were to propose a place in the library to locate the *postnatural*, it would not be alongside ecology, biology, or even the Anthropocene. Instead, it would be distributed throughout and between books on textiles, architecture, engineering, military history, agriculture, design, religion, sports, music, art and erotica. It is one of the oldest forms of cultural production, present in our Stone Age cave dwellings, our rented apartments, our organic vegetable gardens, and our industrial plantations. We cannot avoid it any more than we can avoid ourselves.

Colofon / Colophon

Deze publicatie is gemaakt naar aanleiding van de tentoonstelling *Dieren op maat – Design tussen mens en dier*, 17 mei 2019 – 29 september 2019, Design Museum Gent / This publication is published on the occasion of the exhibition *Creatures Made to Measure – Animals and Contemporary Design*, 17 May 2019 – 29 September 2019, Design Museum Gent.

Dit project is een tweede uitwerking van de tentoonstelling van het museum Marta Herford gepresenteerd in 2018/19. Het werd ontwikkeld vanuit een concept van en in samenwerking met de ontwerper en curator Tanja Seiner, München. / This project is a second venue of the exhibition of the museum Marta Herford shown in 2018/19 which was developed from a concept by and in collabration with the designer and curator Tanja Seiner, Munich.

Catalogus / Catalogue

Redactie / Editors
Evelien Bracke, Clarisse Bruynbroeck, Friederike Fast, Ann Kristin Kreisel, Tanja Seiner

Teksten / Texts
Evelien Bracke, Elio Caccavale, Friederike Fast, Rea Grünenfelder, Ann Kristin Kreisel, Katrien Laporte, Roland Nachtigäller, Thomas Pausz, Richard Pell, Tanja Seiner, Eva Wolpers

Grafisch ontwerp / Layout
Johannes Tolk

Vertaling Duits – Engels / Translation German-English
Chris Abbey, Jeremy Gaines

Vertaling Duits – Nederlands / Translation German – Dutch
ALT Vertaalbureau

Engelse eindredactie / English Proofreading
Laura Preston

Nederlandse eindredactie /Dutch Proofreading
Bart Biesbrouck

Lithografie / Litography
Lorena Volkmer

Project manager / Project Management, Kerber Verlag
Lydia Fuchs

Productie / Production, Kerber Verlag
Jens Bartneck

Lettertype / Typeface
Suisse Works, FF Din

De Deutsche Nationalbibliothek neemt deze publicatie op in de Deutschen Nationalbibliografie; gedetailleerde bibliografische gegevens zijn beschikbaar op internet: http://dnb.dnb.de. / The Deutsche Nationalbibliothek lists this publication in the Deutsche Nationalbibliografie; detailed bibliographic data are available on the Internet at http://dnb.dnb.de.

Printer en uitgever / Printed and published by

Kerber Verlag, Bielefeld
Windelsbleicher Str. 166–170
33659 Bielefeld
Germany
Tel. +49 (0) 5 21 / 9 50 08-10
Fax +49 (0) 5 21 / 9 50 08-88
info@kerberverlag.com

Kerber, US Distribution
ARTBOOK | D.A.P.
75 Broad Street, Suite 630
New York, NY 10004
Tel. +1 (212) 627-1999
Fax +1 (212) 627-9484

Kerber publicaties zijn internationaal beschikbaar in geselecteerde boekenwinkels en museum shops (verspreiding in Europa, Azië, Zuid-Amerka en de Verenigde Staten) / Kerber publications are available in selected bookstores and museum shops worldwide (distributed in Europe, Asia, South and North America).

Omslagbeeld / Cover illustration
Architecture for dogs, Konstantin Grcic: Paramount, 2012, Zelfbouwmeubel, sokkel, spiegel, tapijt, gloeilampen / Do-it-yourself furniture, pedestal, mirror, carpet, bulbs, 79 × 42 × 90 cm

Courtesy voor de gereproduceerde werken / Courtesy for the reproduced works by
Aleksandra Domanovic: Tanja Leighton, Berlin; Melanie Bonajo: AKINCI, Amsterdam

Foto credits / Photo credits
Cover: Hiroshi Yoda
pp. 10, 34–35, 76–77, 79, 86–87, 134–135: Johannes Tolk; pp. 16–17, 40–41: Frederik-Busch; pp. 24, 108-109, 124-125: Hans Schröder; pp. 42–43, 45: Tobias Bärmann; p. 54: Hiroshi Yoda; p. 60: Stoffel Hias; p. 67: Matt Carasella; pp. 68–71: Tim Bowditch; p. 95: Anja Köhne; pp. 140-141, 143: Ronald Smits; pp. 154–155: Christian Schmeer; p. 163: the Missing Pages book by Charlotte Collin 2017; pp. 164-165: Darryn Doull

Ondanks grondig onderzoek is het niet mogelijk gebleken om alle foto credits te achterhalen. We vragen de rechthebbenden die niet werden vernoemd om contact op te nemen met de deelnemende bruikleengevers / In spite of extensive research it was not possible to ascertain all photo credits. We kindly request right holders not mentioned here to contact the participating lenders.

ISBN 978-3-7356-0604-4
www.kerberverlag.com

Printed in Germany

Design Museum Gent

Directeur / Director
Katrien Laporte

Zakelijk adjunct / Business Manager
Bregt Depreeuw

Curator
Evelien Bracke

Projectcoördinator Dieren op maat / Project Coordinator Creatures Made to Measure
Clarisse Bruynbroeck

Productie / Production
Giel Vandecaveye (Hoofd productie / Head of Production), Dominique Temmerman,
Peter Vander Motten, Ilja Vandenbroucke, Jean Thomas, Tony Vandevyvere, Luc Temmerman

Tentoonstellingsscenografie Dieren op maat / Exhibition scenography Creatures Made to Measure
Michiel Hutsebout

Research
Eva Van Regenmortel

Collectie / Collection
Annelies De Mey (Hoofd Collectie / Head of Collection), Ruth Goris, Hannah Hendrickx,
Maaike De Prins, Eline van der Velde

Communicatie / Communication
Corine Trop, Simon Adriaensen, Anthony De Meyere, Charlotte De Mey

Publiekswerking / Education
Bernadette De Loose (Hoofd Publiekswerking / Head of Education), Hannelore Van Hamme,
Annemarie van der Ree

Administratie en balie / Administration and Reception
Liroz Haim, Ria Verstappen, Jean-Marc Geenens, Jo Michiels

Security
Sven Serluppens, Mike Rasschaert, Rudy Eechaut, Bart Verlinde, Karin Van Den Durpel

Marta Herford

Directeur / Director
Roland Nachtigäller

Chief Executive Officer
Andreas Kornacki

Team curatoren / Curatorial Team
Franziska Brückmann, Friederike Fast, Ann Kristin Kreisel,
Eva Wolpers (Curatoriële assistentie / Curatorial Assistance)

Registrator / Registrar
Ute Willaert

PR / Public Relations
Daniela Sistermanns, Michael Trapp (Bibliotheek en Archief / Library and Archive),
Nele Rullkötter, Maria Korosteljow (Assistentie / Assistance)

Evenementen / Event Management
Nicola Sudhues, Melanie Heilmann, Petra Michalsky-Müsse, Irina Reim-Berezko,
Martina Steinbrück

Publiekswerking / Education
Angela Kahre, Angelika Höger, Sabine Marzinkewitsch, Stefanie Keil (KulturScouts OWL)

Rondleidingen en workshops / Guided Tours and Workshops
Maren Ackenhausen, Hirmiz Akman, Janne Bauholzer, Anna Degenkolb, Carsten Gude,
Dennis Kehr, Kim Lempelius, Azzizah Mahmut, Inga Elisabeth Michaelis,
Mara Johanna Rinderlin, Lars Rosenbohm, Johanna Schuler, Anke Stratmann-Horn,
Isabel Thiele Paredes, Tabea Sabrina Weber

Administratie / Administration
Claudia Konschak, Hendrik Bartels, Angela Wöhler

Geautoriseerd waarnemer / Authorized Signatory
Andreas Sacher

Balie en bookshop / Reception and Bookshop
Stefanie Kirchhoff, Siegrid Brunsch, Tina Christoffer, Marianne Marten

Bezoekersservice / Visitor Service
Esther Althage, Noelle Bach, Christian Bambis, Kira Brennenstuhl, Lucienne Hoebbel,
Olesja Klippenstein, Rieke Michaelis, Alexandra Negru, Hendrik Reckmeyer, Andrea Schewe,
Susanne Schiwek, Oliver Wiegner, Janina Wöhler

Techniek / Technicians
Michael Train (Hoofd productie / Technical Supervision of the Exhibitions)
Hans Schröder (Techniek en huisfotograaf / Technician, Internal Photographer)
Dirk Friedrich (Techniek / House Technician)

Scenografie / Scenography
Johannes Tolk, Susanne Münzner

Een tentoonstelling van het museum Marta Herford i.s.m. en naar een idee van Tanja Seiner
An exhibition of the museum Marta Herford in collaboration with and after an idea by Tanja Seiner

Met dank aan / Acknowledegments
Marta Herford en Design Museum Gent danken de designers, kunstenaars, alle bruikleengevers, Tanja Seiner en Johannes Tolk voor hun engagement en samenwerking. Onze dank gaat ook uit naar alle sponsors voor hun genereuze ondersteuning / Marta Herford and Design Museum Gent would like to thank the designers and artists, all lenders as well as Tanja Seiner and Johannes Tolk for their engagement and collaboration. Our sincere thanks also go to our sponsors for their generous support.

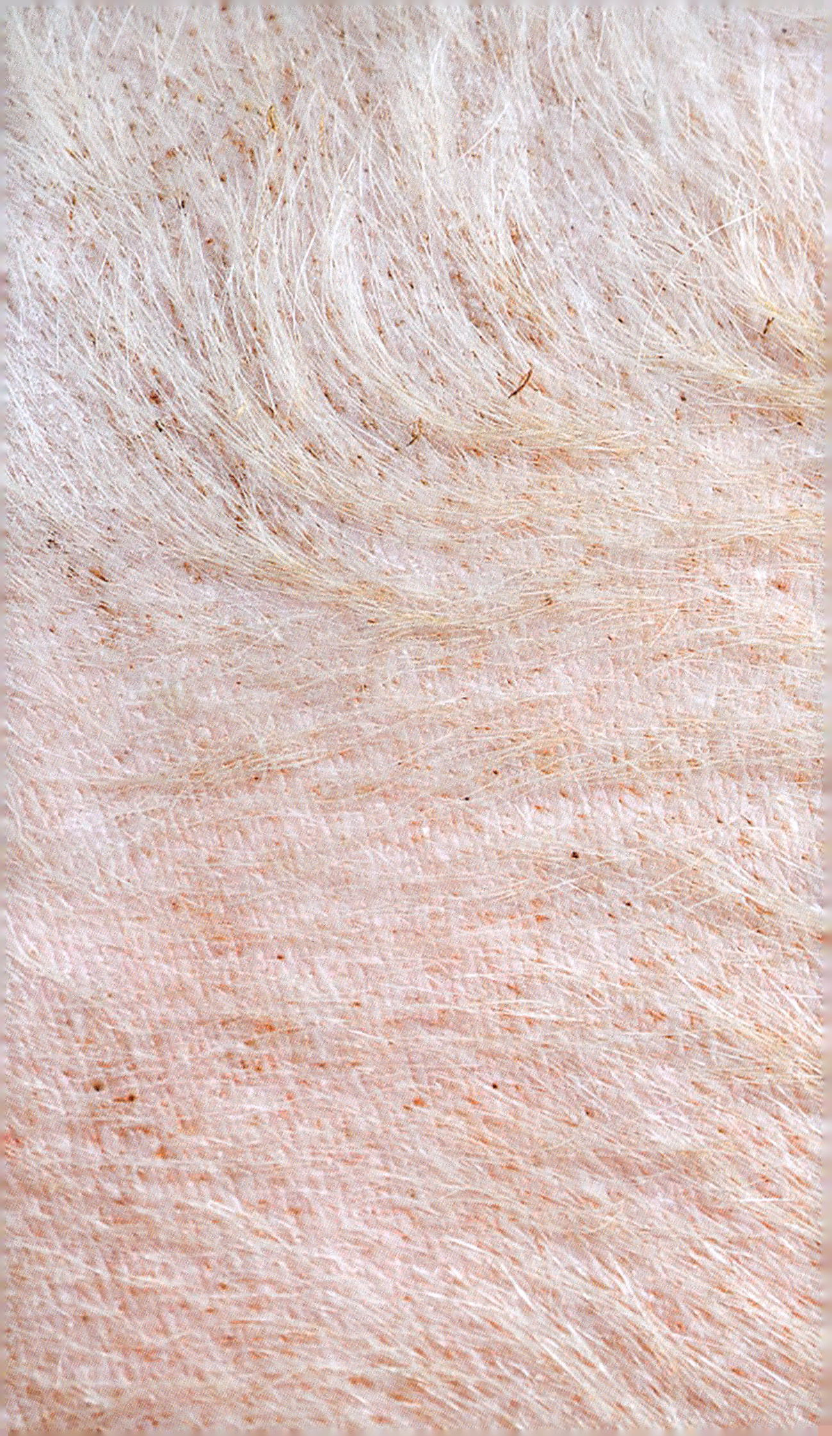